KB002775

천재 경영자 소프트뱅크 CEO

손정의 리더십

유한준 · 이종욱 지음

300년 왕국을 향한 야망과 도전!

Ceaselessly Challenge !

머리말

재일교포로 일본 최대 갑부가 된 소프트뱅크 손정의의 성공 스토리

일본 땅에서 '조센징'이라는 따돌림과 비난을 받으며 자란 재일교포 3세 손정의(孫正義), 일본 사람들이 손마사요시(そん まさよし)라고 부르는 그는 누구인가? 지금 일본 청소년들은 그를 탐구하느라 일본열도를 뜨겁게 달구고 있다.

일본 청소년들이 그에 대해 열광하고, 소프트뱅크 사업을 이해하고자 하면서 그의 삶과 행동에 관심을 갖는 이유는 단 두 가지이다. 첫째 그가 성공한 이유를 알고자 함이며, 둘째 보통 사람들과 다른 점이 무엇인지 살펴보자는 것 때문이다.

손정의의 어린 시절, 그리고 아버지로부터 받은 매우 특별한 교육법, 세상에 둘도 없는 천재라고 여긴 그의 부모, 특별함과 비범함을 인정받으며 자란 생애, 타국 땅에서 받은 상처를 극복하고 자신감을 가지면서 강하게 자신의 뜻을 펴온 저력, 그리고 일본 최고의 갑부가 되기까지의 그의 성공 스토리를 많은 일본 학생들이 궁금하게 여기면서 배우려고 열망하고 있는 것이다.

소프트뱅크 주식회사는 1981년 9월 3일 일본 도쿄에서 설립된 회사이다. 고속 인터넷, 전자상거래, 파이낸스, 기술 관련 분야에서 활동하는 일본의 이동통신 회사 그룹이다. 그런 대그룹을 경영하는 회장이 한국의 아들 재일교포 3세 손정의이다.

일본인들이 손마사요시라고 부르며 존경하는 거인(巨人) 손정의 회장의 도전과 성장에 관심이 클 수밖에 없는 이유는 그가 일본에서 활동하는 재일교포로 일본 최고의 기업가라는 점 때문이다. 그의 할아버지 손종경은 본래 대구 사람이다. 1914년 일본으로 건너갔다. 아버지 손삼헌은 생선 행상 등을 통해 어렵게 생계를 이어 갔다. 1957년 규슈의 사가현 도스에서 태어나 어린 시절부터 조선인이라는 차별 속에서 자랐다.

이런 과정에서 그는 반드시 1등을 해서 성공해야 한다는 각오, 일본인보다 뛰어나다는 것을 능력으로 증명해야 한다는 생각을 굳혔고 그것을 실현하였다. 고등학교 1학년 때 미국으로 어학연수를 떠났다. 그때 미국에서 느낀 자유로운 분위기와 컴퓨터 꿈에 완전히 사로잡혔다. 그는 부모를 설득해 1974년 고등학교를 중퇴하고 미국 유학길에 올랐다.

치열한 공부로 월반을 거듭한 손정의는 3주 만에 미국의 고등학교 과정을 마쳤고 미국의 검정고시에 합격했다. 캘리포니아주 버클리대학교 유학 시절 밥 먹고 잠자는 시간을 제외하고 모든 시간을 공부에 매달릴 정도로 열정적이었다.

이때 개발한 것이 외국어를 입력하면 자동으로 번역이 되는 음성인식 자동번역기였다. 이 아이디어를 샤프전자에 팔아 1억 엔(약 10억 원)을 받았다. 이를 자본금으로 친구와 함께 유니온 월드라는 벤처 회사를 창업하여 기업가로 나섰다.

미국에서 공부를 마친 뒤 일본으로 돌아와 19세에 세운 '50년 인생 계획'을 지키기 위한 실행에 들어갔다. 그의 50년 인생 계획은 '20대에 이름을 떨치고, 30대에 1,000억 엔의 운영자금을 마련하며, 40대에 승부를 걸고, 50대에 사업을 완성하며, 60대에 다음 세대에게 물려 주겠다.'는 것이다. 올해 60세, 그의 지나온 삶과 '300년 이어갈 기업'이 고스란히 떠올려지는 대목이다.

확실한 비전을 가지고 새로운 시장을 만들어 가는 손정의 회장의 성공 가도를 따라가 보는 일은 매우 흥미진진한 일이다. 일본 최대 슈퍼 갑부가 된 그의 기적 같은 삶을 통해 미래를 개척하여 국가와 사회 발전에 기여하는 훌륭한 사람이 되기를 바란다.

유한준 · 이종욱

목차 CONTENTS

손정의 孫正義

이름 : 손정의 孫正義, 일본 명 손마사요시 そん まさよし

출생 : 1957년 8월 11일

부모 : 아버지 손삼헌, 어머니 이옥자. 4형제 가운데 차남

출생지 : 일본 규슈 사가현 도스시 도스역 앞 조선인 마을

가족 : 병원 경영자의 딸 우미 마사미와 결혼, 1남 2녀

직책 : 일본 소프트뱅크 그룹 대표이사 겸 CEO

　　　일본 프로야구 후쿠오카 소프트뱅크 호크스의 구단주

학력 : 북규슈 시립 히키노초등학교-히키노중학교-조난중학교 전학

　　　구루메대학교 부설고등학교 입학-고교 2학년 때 중퇴-미국 유학

　　　미국 랭귀지스쿨 입학-홀리네임즈 칼리지 입학

　　　캘리포니아 버클리대학교 경제학부 편입 졸업

01

시련과 야망

01 재일교포 3세

손정의의 꿈

손정의(孫正義)는 재일교포 3세, 한국의 아들로 일본 최고의 재벌이다. 일본 이름은 손마사요시(そん まさよし). 현재 소프트뱅크 그룹의 대표이사 겸 CEO이자 일본 프로야구 후쿠오카 소프트뱅크 호크스의 구단주이다.

1957년 8월 11일 대한해협 건너 쓰시마섬과 마주 보는 일본 규수 북부 사가현 도스시 도스역 앞 조선인 마을에서 출생하였다. 할아버지 손종경은 대한민국 대구광역시에서 살다가 일본으로 건너가 정착하여 아버지인 손삼헌을 낳았고, 손정의는 아버지 손삼헌의 아들 4형제 가운데 차남으로 태어났다. 손정의의 어머니 역시 한국인으로 이옥자이다.

할아버지는 일본 사람들이 힘들어서 하지 않는 광산 노동자로 일

했으며, 아버지는 생선장사, 양돈업 등 여러 가지 일을 하면서 아들을 공부시켰다.

아버지는 닥치는 대로 장사를 했다. 밀주도 담가 팔았다. 불법도 꺼리지 않았다. 그만큼 생활이 힘들었다는 뜻이다. 그는 어린 시절 너무나 빈곤해서 조선인 동네에서 돼지를 기르고 양을 치는 모습을 보면서 살았다. 그러나 총명한 두뇌를 타고난 데다가 공부를 좋아해서 천재라는 소리를 들으며 자랐다.

손정의는 1973년 구루메대학교 부설 고등학교에 입학하여 고교 2학년 때 중퇴하고, 일본 맥도날드 경영자 후지타 덴의 조언을 받아 미국 유학을 준비했다.

"대학 공부를 마치면 일본으로 돌아오겠어요."

손정의는 부모와의 약속을 하고 미국 유학을 떠났다. 16세가 되던 해에 미국으로 건너간 그는 캘리포니아주 살레몬테 고등학교에 들어가 미국 유학을 시작했다.

고등학교를 3주일 만에 졸업한 뒤 캘리포니아 버클리대학교에서 경제와 컴퓨터 과학을 공부하였다. 컴퓨터 과학은 컴퓨터 설계, 자료 처리 등을 다루는 과학이다.

버클리대학교 경제학부에서 공부하던 학생 시절에 마이크로칩을 이용한 번역기를 개발하여 대학교 주변 사람들을 놀라게 하였다. 1980년 캘리포니아 오클랜드에 유니온 월드라는 사업체를 설립하면서 일찌감치 사업가로 출발하였다.

손정의는 창업의 천재로 불린다. 그는 미국 유학 중에 '말하는 어학사전'으로 불리는 음성인식 자동번역기를 개발하여 특허권 판매를 따냈다.

20세의 미국 유학생으로 창업을 시작하여 성공적으로 사업을 일군 그는 22세 때에 미국 회사를 친구에게 넘기고 미국 유학을 마친 뒤 부모와의 약속을 지켜 일본으로 돌아왔다. 그 후 1년 6개월간 사업 구상을 한 뒤 1981년 9월 종합 소프트웨어 유통 업체인 소프트뱅크를 설립했다. 그때 그는 만 23세 젊은 나이였다.

"소프트뱅크, 참 신선한 유통 업체다!"

소문이 나돌았다. 그런 가운데 소프트뱅크는 컴덱스(COM DEX)에 전시된 소프트웨어를 눈여겨 본 일본 회사들과의 거래를 전개하기 시작하였다.

"일본 회사들과의 거래는 성공적이다!"

손정의의 소프트뱅크는 미국의 야후(Yahoo)를 인수하여 사업 기반으로 삼고 놀라운 경영 수완으로 빠른 속도로 자리를 잡아 나아갔다. 그러자 일본 업체들이 견제를 하면서 협공을 당해 뜻밖의 어려움에 부딪혔다.

민족 차별 극복

"손정의의 소프트뱅크 광고를 내는 잡지는 불매한다!"

"이건 한국인에 대한 모독이자 민족 차별이다!"

"일본에서 한국인이 사업을 한다는 것은 무척 어렵다. 거센 파도를 넘어야 한다."

손정의는 재일교포로서 일본에서 사업하는 것이 힘들다는 교포 사업가들의 충고를 새삼 느꼈다.

"잡지를 창간하자!"

손정의는 야후 재팬(Yahoo Japan) 브로드밴드를 설립하고 의욕적인 사업 활동을 전개하였다. 사업이 뿌리를 내리기도 전에 경쟁 업체들이 압력을 넣어 소프트뱅크의 광고를 일본 잡지에 싣지 못하게 하는 것이었다. 그러자 스스로 컴퓨터 잡지를 출판하였다. 이렇게 하여 창간한 잡지가 월간 컴퓨터 잡지 《오! 컴퓨터(Oh! PC)》다.

2004년 일본 텔레콤을 인수하고, 같은 해에 프로야구단 후쿠오카 다이에 호크스를 인수하면서 기업가로서 기반을 굳히고 명성을 떨쳤다. 그리고 2006년 보다폰 일본 법인을 인수하여 휴대전화 사업에 진출하였고, 2008년 애플의 아이폰 3G를 일본에 발매하는 놀라운 일을 전개하였다.

손정의 회장은 소프트뱅크를 이렇듯 비약적으로 성장시켜 지금 750여 개의 회사를 거느리면서 인터넷 세계의 황제가 되었다.

"민족 차별을 참을 수 없다! 코리안의 저력을 보여 주자!"

그는 분노의 주먹을 움켜쥐며 절규했다.

 사가현

일본열도 남부 규슈섬의 북서쪽, 후쿠오카현과 나가사키현 사이에 있는 작은 현. 3세기 때의 화산암이 분출되어 가파른 산마루와 간척지, 평야 등을 이룬 곳이다. 일본에서는 손꼽히는 곡창지대, 귤 생산지, 가축 사육 지대이다. 대한해협과 마주하고 있는 곳으로 일본 서부 해안은 해중(海中)공원으로 유명하다.

02 열여섯 살의 냉혈한

고교 중퇴, 미국 유학

손정의는 1974년 초 드디어 미국으로 유학을 떠났다. 1957년 8월 생이라 아직 만 16세였다. 어린 시절부터 이웃과 가족에게조차 '냉혈한'이라는 소리를 들으며 자란 소년이 미국 유학을 떠난 것이다. 냉혈한(冷血漢)은 인정 없고 냉혹한 사람을 가리키는 말이다.

"얼마나 냉정하고 차가운 사람이기에 그런 말을 들었을까?"

그가 미국에서 유학하고 있을 때에 있었던 일화이다. 그는 스스로에게 매질을 가하듯이 식사를 할 때도 반드시 교과서를 손에 들고 책을 보면서 식사를 했다. 일부러 선택한 일이다. 상상을 초월하는 냉혹한 궁지로 자신을 스스로 몰아넣은 것이다.

"그때 나는 오른손에 젓가락이나 포크를 들고 접시를 보지도 않고 식사를 했다. 교과서를 '뚫어져라' 처다보면서 말이다. 희미하게 보이는 접시에 포크를 찔러 아무거나 짚이는 대로 먹곤 했다. 때때로 후추 덩어리 같은 것도 그대로 입에 넣었다. 교양 없는 학생이라는 말을 참 많이 들었다."

영어를 위해 손정의는 오클랜드 지역에서 영어 학원을 다녔다. 학원에는 일본인들이 꽤 있었고 그들끼리 그룹을 모아서 다녔지만, 손정의는 빠른 시간 안에 영어를 배우기 위해 일부러 일본인들과 어울리지 않고 철저히 영어로 살아가는 길을 택했다. 6개월간 어학연수를 받았다.

여름이 가고 9월이 되어서야 캘리포니아주 샌프란시스코 인근의 살레몬테 고등학교 10학년으로 편입했다. 10학년은 한국 학제로 고교 1학년에 해당한다. 그는 그때의 심정을 이렇게 밝혔다.

"사실 내 마음은 급했다. 정말 어렵게, 무리해서 추진해서 유학을 왔다. 어떻게든 빨리 대학에 들어가서 치열하게 공부하고 싶었다. 일주일간 거의 매일 밤을 새우다시피 했다. 10학년 교과서를 모조리 읽었다. 물론 다 이해한 건 아니다. 그럴 만한 영어 실력이 없었다. 하지만 핵심과 맥락은 파악할 수 있었다."

그는 교장 선생님을 찾아갔다.

"10학년 교과서를 다 읽었습니다. 11학년 수업을 듣게 해주세요."

참으로 무리한 요구였다.

"월반을?"

"예! 10학년 과정이 너무 쉽습니다. 시간 낭비라고 생각합니다."

"대단한 학생이군!"

그렇게 하여 바로 11학년이 되었다. 그런데 4일이 지나자 11학년의 교과서를 다 이해하는 놀라움을 보였다. 그래서 12학년으로 올려달라고 또 졸랐다. 교장은 손정의가 원하는 대로 올려주었다. 그로부터 또 일주일이 지나자 손정의는 대학으로 진학하고 싶다고 말했다.

"손 군! 너의 실력은 인정한다. 그러나 대학 진학은 고교 전 과정을 이수해야만 들어갈 수 있다."

검정고시로 미국 대학 진학

교장은 대학 진학에 대해 자상하게 일러주었다. 그래서 손정의는 검정고시를 보겠다고 말했다. 교장 선생님은 기가 막힌 모양이었다. 하지만 말리지 않았다.

"네가 원한다면, 그리고 할 수 있다면 해 봐라."

그때 그는 검정고시에 응시할 수 있는 허락을 받으면서 교장 선생님의 모습을 보았다. 아마도 속으로는 검정고시에 합격할 리 없다고 생각했던 것 같았다. 어쨌거나 그는 검정시험 절차를 밟은 뒤 시험장으로 들어갔다. 시험지를 받아 놓고 눈앞이 캄캄했다. 당시 대학 입학 자격시험은 영어로 진행되었다. 문제의 양, 해독해야 할 문장이 너무 많았다. 손을 번쩍 들고 감독관에게 말했다.

"저는 일본에서 왔습니다. 아직 영어가 서툴러요. 이 시험은 영어가 아닌 학업 수준을 테스트하려는 것 아닙니까? 일영(日英)사전을 볼 수 있게 해주세요. 그게 공정합니다."

"시험장에서 사전을 보겠다고?"

"저는 일본에서 고교를 중퇴하고 미국 유학을 온 학생입니다. 그래서 저에게는 불공평하니 사전을 참고해 시험을 치를 수 있게 해 주세요!"

"뭐라고? 자격시험을 보는데 사전을 참고로 하고 싶다고? 세상에 이런 학생은 처음 본다."

"저는 미국 학생이 아닙니다. 일본에서 온 한국인입니다."

"안 된다!"

감독관은 한마디로 딱 잘라 말했다. 그렇다고 물러설 손정의가 아니었다. 더듬거리는 영어로, 그런 배려를 받을 권리가 있다는 주장을 끈질기게 폈다. 감독관은 어쩔 수 없다는 표정으로 시험장 밖으로 나갔다가 조금 뒤에 다시 돌아와 말했다.

"교육청의 허락을 받았으니 사전을 봐도 좋다."

원래 시험은 오후 5시에 끝나도록 돼 있었다. 하지만 시간이 턱없이 부족했다. 다시 손을 들었다.

"사전을 찾아봐야 하기 때문에 시간이 배로 필요합니다. 종료시간을 늦춰 주십시오."

"참 별난 녀석이다!"

감독관은 이번에도 그의 요청을 들어주었다. 그런 특별 배려 속에서 그는 자정까지 시험을 쳤다. 그리고 합격했다. 손정의는 미국 고교에 유학하여 월반한 뒤 대학 입학 자격시험을 거쳐 대학교에 진학하였다. 미국 고교에서 한 학년을 뛰어넘는 월반을 신청한 뒤 또다시 3주 만에 다시 대학 입학 자격시험을 치르고 당당하게 합격한 것이다. 대학 입학 자격시험을 통과한 그는 홀리네임즈대학을 거쳐 1977년 명문 버클리대학교 분교경제학부에 진학하였다.

유학 시절 그의 학습법도 특이하였다. 미국에서 공부하려면 영어를 몰라서는 어떤 일도 할 수 없었다. 어차피 영어 실력으로는 미국 학생들을 따라잡을 수 없다고 여기고 중학생 수준의 단어 1,480개를 무조건 외우고 비슷한 단어인 동의어(同義語)와 반대말인 반의어(反意語)를 활용하면서 억양과 발성에 주력하였다.

소리 내어 읽기와 말하기, 곧 Speaking 연습에 주력한 것이다. 영어 특히 외국어를 익히는 과정에서의 왕도(王道)는 없다고 여기고 문장을 통째로 외우는 작전을 폈다. 그렇게 공부한 덕에 오히려 미국 학생들에게다 뒤지지 않은 영어 실력이 되었다.

그는 지금도 중학생 수준의 중급 영어로 비즈니스를 수행한다. 비즈니스 무대에서는 고급 전문용어나 학술적 용어를 몰라도 가능하다고 여기기 때문이다. 실제로 그런 일들이 다반사로 펼쳐지고 있다.

미국 대통령 트럼프도 중학생 수준의 쉽고 평범한 영어를 구사하는 것으로 유명하다. 손정의는 쉽고 평범한 영어를 즐겨 쓰기 때문에 IT 업계에서도 인기가 높다.

 버클리대학교

미국 캘리포니아 주립 종합대학교. 1868년 개교하였다. 학문적 탁월성과 교수진, 학생들의 질적 수준이 대단히 높다. 하버드대학교나 스탠퍼드대학교와 어깨를 나란히 하는 명문대학교이다. 여름 학기의 비중이 큰 시메스터(Semester)제이며, 외국 유학생의 경우 8월 또는 1월 학기에 입학이 가능하다.

03 엄청난 시련을 겪고

독특한 사업 방식

손정의 회장의 성공 방정식은 매우 독특하다. 유학을 마치고 일본으로 돌아온 손정의는 1981년 자본금 1억 엔으로 직원 두 명을 채용하여 고향 근처 오도로시에 IT 회사를 세웠다. 이 회사가 세계적인 기업 소프트뱅크의 시작이다.

회사를 세운 뒤 처음에는 어려움이 따랐다. 몇 번이나 파산 위기를 겪으면서도 그는 꾸준히 사업에 열정을 쏟았다. 이러한 노력으로 소프트뱅크는 연매출 35억 엔의 중견기업으로 성장했다. 승승장구하던 그에게 또 다른 시련이 찾아 왔다. 그 시련은 2001년부터 세계 경제의 한파 속에 세계 IT 산업계에도 불경기가 다가온 것이다.

일본 소프트뱅크 그룹은 2001년에 약 9,000억 원의 평가 손실을 기록하며 흔들렸다. 그런 시련 속에서 그가 야심차게 설립했던 나스닥 재팬도 2002년 말 문을 닫았다. 2003년에는 소프트뱅크 주가가 95% 폭락하는 엄청난 수난을 맞았다.

손정의 회장은 〈포브스〉가 선정한 '역사상 가장 많은 재산을 잃은 부호'에 이름을 올리는 수모를 당했다.

우수한 제품과 좋은 서비스를 제공함으로써 사람들의 행복을 키우고 슬픔을 줄이겠다는 것이 소프트뱅크가 이루고 싶은 유일한 소망이다. 더 많은 사람에게 감동을 안겨 주고 그 감동의 메아리를 보다 널리 퍼뜨리고, 사람들의 행복을 보다 크게 키우려는 것이 손정의 회장의 사업 목표이자 기업 이념이다.

그는 그 꿈을 열아홉 살에 세웠고 40대에 이루었으며, 50대부터 실천하고 있다. 여러 가지 전기 제품을 비롯하여 하찮게 여기는 스니커즈 한 켤레, 그리고 안경 하나에도 두뇌형 컴퓨터를 담는데 정성을 쏟고 있다. 30년 후에는 아직 컴퓨터의 형태까지는 진화하지 못할 수 있어도 현재의 100만 배 정도의 처리 속도, 기억 용량, 통신 속도를 가진 칩이 모든 전기 제품에 들어가게 될 것이다.

더구나 생각도 못 한 신발에도 고성능 칩이 들어간다. 신발에 들어간 칩은 신발을 통해 우리의 건강을 관리해 주는데 큰 역할을 할 것이다. 예를 들면 "50걸음을 더 걸어가세요."라고 말해 주는 신발이 발명될 것이다. 그뿐만이 아니라 여러 가지 정보가 인터넷상의 대형 컴퓨터인 클라우드에 축적된다. 가히 신발에서도 정보 혁명이 일어난다는 것이다.

손정의는 "지배하려고 한다면 중앙집권적이 되고, 중앙집권적이

되면 넓은 길이 갑자기 좁아지는 병목 현상이 생겨 그룹을 이루고 있는 기업에 '대기업 병'이라는 고질병이 생긴다."라고 강조한다. 이런 전략적 파트너 그룹은 앞으로 점차 많아질 수밖에 없다고 보는 것이다.

어떤 사람이 중앙에서 권력을 틀어쥐고 좌지우지해서는 안 되고, 자율적이고 분산적이면서 동시에 상부상조하는 조직으로 거듭나야 한다는 생각이다. 그래야 비로소 자기 진화가 가능하고, 자기 증식이 늘어난다고 보고 있다. 그것이 손정의의 기업 정신이다.

일본 사회에서는 아직도 국적이 다르다, 인종이 다르다 하여 여러 가지 문제를 일으키고 있다. 그런 사소한 일로 고민하는 나라들이 어디 일본뿐이겠는가? 이 세상에는 널려 있다.

나는 한국인이다

손정의도 일본에 살고 있는 재일교포 3세, 한국의 아들로 그런 편견 속에서 시달림을 수없이 겪어 왔다. 그래서 반드시 사업에 성공하여 훌륭한 사업가가 되어 그런 편견을 없애 주는 본보기가 되겠다고 마음을 다져 먹었다. 그는 이름을 일본식으로 바꾼 것에 대해 스스로 설명했다.

"나는 한국인의 아들 손정의다. 민족 차별이 심한 일본에서 사업을 하여 성공하기 위해 일본식 이름으로 '손마사요시'로 지었다. 그러나 본명은 어디까지나 '손정의'이다. 두 가지 이름을 가졌지만, 인간은 누구나 같다는 것을 증명해 보일 것이다!"

그는 이 말을 강조하면서, 정말로 그런 사람이 되겠다고 다짐했다. 그런 결심을 한 뒤의 일화이다. 그 일화는 그의 투철한 민족성, 애국심을 엿볼 수 있는 대목이다.

"저는 할머니께 말씀드렸어요. 그렇게도 끔찍하게 아껴 주시는 할머니였는데, 일본 놈의 이름을 가졌다고 꼴도 보기 싫다고 하셨어요. 할머니의 역정을 듣는 순간 너무나 놀랐어요. 그래서 저는 용서를 빌었습니다. '할머니! 우리의 조국은 대한민국입니다. 저를 용서해 주세요! 그리고 저를 한국으로 데려가 주세요! 조상의 고향을 보고 싶어요! 한국에 가보겠어요.'라고 졸랐습니다."

사업을 하기 위해 일본인으로 귀화 결정을 내린 후, 당시 일본의 호적에 이름만은 한국 이름 '손정의'로 등재하려고 했을 때 거부당해 또 한 번 민족 차별의 비애를 삼켰다.

일본에서는 외국인이 귀화할 때 자기 나라의 성씨를 그대로 쓰기를 희망하지만, 일본에서는 그 성씨를 쓸 수 없다고 제한하고 있다. 그래서 비상수단을 썼다. 손정의 회장의 일본인 부인이 먼저 손(孫)씨 성으로 하여 '손마사미'로 등재한 후 자신도 일본 이름으로 손마사요시(そんまさよし)라 하고 그 뒤에 한자 '정의(正義)'라는 이름을 더 올렸다.

부인도 남편의 마음을 충분히 이해하고 자기의 성씨를 손(孫) 씨로 바꾸어 먼저 호적에 등재하는 과감성을 보였다. 따라서 손정의는 성씨를 그대로 사용하여 귀화 신청을 함으로써 일본에서는 처음으로 손(孫) 씨 가정이 탄생한 것이다.

그가 일본으로 귀화한 이면에는 일본인 아내에게서 출생한 두 딸의 미래를 생각해서 한국 국적을 포기하고 일본에 귀화한 것으로 전해졌다. 그래서 한국과 일본 사람들은 이들 부부의 사랑에 감동하고 두 사람 모두 대단한 사람들이라고 칭송한다.

이렇게 하여 손정의 회장은 일본에 귀화한 한국인으로 당당하게 활동하고 있는 것이다. 그런 연유로 해서 아내에 대한 사랑 또한 남다른 것으로 유명해졌다. 국적은 비록 일본인이지만 대한민국의 피가 흐르고 있는 한국의 아들임을 잊지 않고 자랑스럽게 여기는 사람이다.

그는 사업가가 되기로 작정한 뒤 1년 반 동안 생각에 생각을 거듭했다. 40개 정도 되는 새 비즈니스 모델을 고안하고, 예상 자금 동원 방법과 예상 손익계산서, 예상 재무제표, 예상 인원 계획, 예상 매출 등 10년치 비즈니스 플랜을 철저하게 짰다.

더구나 앞으로 라이벌이 될 기업에 대해서도 샅샅이 조사했다. 그런 서류 뭉치가 1m나 쌓일 정도였다. 그런데 또 다른 아이디어, 더 좋은 생각이 떠오르는 것이다. 이런 아이디어라면 반드시 일본 최고가 될 수 있다는 생각이 들었다. 가장 훌륭한 기업, 최고의 기업을 일으켜서 한국인의 명예를 드높일 수 있겠다고 흥분했다. 그런 과정을 사오십 번이나 반복한 끝에 생겨난 사업이 바로 소프트뱅크이다.

04 결단의 승부사

판자촌에서 출생

손정의는 판자촌 동네에서 태어났다. 일본에서도 가난한 동네로 소문난 지역이다. 어린 시절 '조센징'이라는 멸시를 받으며 성장했다.

"조센징이라고? 너희 놈들이 대한민국을 강탈하고 식민지로 만들었다. 그러고도 반성을 못 하는 놈들이다! 나는 반드시 너희들에게 한국인의 우월성을 보여줄 것이다!"

어린 손정의는 속으로 다짐하며 이를 악물었다. 하지만 여기는 일본 땅이다. 그는 현실의 어려움에도 좌절하지 않고 어렸을 때부터 '훌륭한 사업가'의 꿈을 키워 왔다. 아버지의 전폭적인 지원을 받아 후쿠오카 지역의 명문 고등학교에 진학했다.

후쿠오카는 일본열도의 남쪽 섬 규슈의 북쪽 후쿠오카현의 현청 소재지이다. 규슈는 우리에게 구주(九州)로 알려진 곳이다. 항만과 상업, 공업, 방적, 도기, 수산가공업 등이 발달한 곳이다.

규슈는 대한해협을 사이에 두고 대한민국과 마주 보는 곳으로 1,400여 개의 섬들이 모여 있다. 규슈의 중심은 후쿠오카이다. 해안 경치가 아름다운 곳, 일찍부터 교육이 발달했다.

손정의는 이렇게 말했다.

"아무것도 가진 게 없다면 열정으로 승부를 걸자!"

그의 말은 자신이 걸어온 길에 그대로 녹아 있다. 그는 열정의 화신이라는 소리를 듣는다. 일본 땅에서 태어나 자랐지만 일본 사람이 아니라 한국의 아들이다. 그는 과감한 승부사적 기질로 오뚝이처럼 일어나 일본 최고의 재산가로 등극한 입지전적 인물이다. 손정의는 어떤 위기 상황에서도 절대로 포기하지 않았다.

그는 사업을 정리하며 내실을 다지는 한편, 차분하게 재기의 기회를 노렸다. 그는 2004년 자신을 찾아온 중국 전자상거래 업체 알리바바의 마윈 회장과 단 6분간 면담한 끝에 2,000만 달러 투자를 결정했다. 이 결정으로 손정의 회장은 전화위복 엄청난 대박을 맞았다.

이 투자로 손정의 회장은 엄청난 이득을 챙기게 된 것이다. 2013년 〈포브스〉는 소프트뱅크를 자산 가치 470억 달러, 매출 380억 달러의 전 세계 148위 기업인으로 선정했다. 2014년에는 가장 영향력 있는 인물' 중 38위에 이름을 올렸다.

본능적인 사업가 마인드로 무장한 그는 말한다. 열정을 가지라고 강조한 이면에는 그 자신이 뜨거운 열정으로 자수성가하고 성공했다는 경력을 보여 주는 것이다.

알리바바의 미국 증시 상장으로 손정의 회장은 세계적 거물로 떠올랐다. 순전히 그의 열정이 만들어 낸 성과였다. 물론 기회를 잡기 위한 그의 아이디어 발상법도 독특하다. 그는 전혀 상관없는 아이템을 적은 카드를 무작위로 뽑아 자신이 선정한 카드와 조합해 사업 아이템을 정하는 것이다.

상상을 초월하는 뜻밖의 돌발성과 과감한 결단력, 그리고 불굴의 의지까지 그의 삶은 새로운 도전을 준비하는 많은 사람에게 나침반이자 지침이 되고 있다. 사실 그는 뜨거운 열정과 남다른 고집으로 사업을 일으켜 키웠고 고객을 감동시키며 승승장구한 기업가이다. 그는 빌 게이츠의 '유능한 직원은 지대한 흥미와 선교사와 같은 열정과 집착으로 고객을 감동시킨다'는 말을 가슴에 안고 사업을 전개한다.

열정이 없으면 고객과 교류할 수 없고 교류가 없으면 소통이 이루어지지 않는다고 믿고 있다. 열정은 마음속 깊은 곳으로부터 나온다. 그 뜨거운 열정을 고객들에게 쏟으며 고객을 감동시키는 것이 손정의의 열정적인 경영 노하우이다.

좌절은 없다

손정의는 스스로에게 질문하고 답을 하는 사람으로 화제가 되었다. 그는 자문자답을 통해 '결단의 승부사'라는 것과 '인생에 도전하는 법'을 스스로 밝혔기 때문이다.

손정의는 목표를 설정하고 실행하는 방법이 독특하다. 그가 사는 법, 기업하는 기술, 각종 문제에 대처하며 일을 결단하는 방법 등이 특별하다. 사업을 추진함에 있어서 결단의 방정식을 구사한다. 여러 가지 다량의 업무를 신속하게 마치고 그 업무에 필요한 여러 기술을 알려주며 사람과 조직의 관계에 대해서도 남다른 순발력을 발휘한다.

그는 어떤 사업을 새로 추진할 때에 그 성공과 실패에 관한 분석표를 만들어 놓고 꼼꼼하게 점검한다. 실수를 최소화하고 잘못을 사전에 없애기 위해서다. 새로운 일에 대한 위험 부담을 최대한 줄여나가려는 의지가 매우 강하다.

예상되는 위험 부담을 인정하고 그 위험성에 대해 얼마나 빠르게 대처하고 문제점을 해결하느냐가 새로운 사업을 성공시킬 수 있는 요인이며 바탕이라고 강조하는 기업인이다. 그의 이런 생각은 새로운 일을 시작하는 모든 사람에게 들려주는 복음이다.

그는 "이 세상에 절대로 안정되어 있는 것은 하나도 없다."라고 강조한다. 어떤 일이든 처음에는 예상하지 못한 위험 요소가 생기고, 그 위험성을 피할 수도 없다. 흔히 성공한 사람과 몽상가의 차이를 이야기할 때 꿈만 꾸는 사람과 그 꿈을 분명히 하고 강력하게 추진하는 사람의 비유를 든다. 둘 사이에는 엄청난 차이가 있다.

그 차이는 어딘가 다른 추진력, 강한 실천력, 그리고 인내력이라는 것이다. 새로운 일을 하는 사람과 몽상가의 두드러지는 차이는 꿈을 실현하게 하는 힘이 다르다는 점이다.

꿈을 실현하는 최선의 방법은 목표를 달성하려는 강한 의지에 달려 있다. 그러려면 내일보다는 오늘이 더 중요하고 1년 앞을 바라보는 것보다는 1달의 설계가 더욱 중요하다. 따라서 10년, 1년, 1달, 1주, 하루로 역순하여 최소한의 기초 단계부터 다져 나가면서 목표를 세분화하고 실천하는 의지가 중요하다고 그는 강조하고 있다.

"초지일관(初志一貫)의 정신과 그 신념을 지키고 실천하려는 강한 의지력을 가져야 한다. 뚜렷한 목적도 없이 최선을 다하고 시간이 지나가면 이루어지겠지 하는 생각은 버려라. 폭넓은 지식을 쌓았으니까 남보다 잘 될 것이라는 생각을 한다거나 그런 희망을 한다는 것은 의미가 없다. 자신이 생각하는 이상적 모습, 목표를 확실하게 그려 놓고 거기에 필요한 지식과 기술을 가미시켜야 성공할 수 있다."

손정의의 비즈니스 방식을 보면 사업을 시작할 때부터 남다르다. 새로운 사업의 선택 기준도 확고하고, 추진력도 열성적이다. 그도 수없이 실패하면서 오뚝이처럼 일어난 경험을 지니고 있지만 도전적인 정신과 의지, 가치 있는 것을 찾아가는 일을 멈추지는 않았다. 실패에 낙심하지 않는 심리적 자세, 재기하겠다는 강한 의지, 반드시 이룩하겠다는 승부욕을 지녔다. 작은 성공 체험부터 찬찬히 쌓아가는 등 자신감도 사업 성공의 원천이다.

05 청춘이여! 전사가 되라

새벽 3시에 미팅

손정의는 비즈니스 미팅을 새벽 3시에 하는 것으로 유명하다. 거래처 사람과 약속을 정할 때에도 할 얘기가 많으니 3시에 만나자고 부탁할 정도였다. 보통 사람들은 3시라고 하면 오후 3시라고 생각한다. 그러나 그의 3시는 새벽 3시를 말한 것이었다.

"새벽 3시에 만나자고? 도대체 잠도 안 자는가?"

"새벽 3시? 모두 깊은 잠에 떨어진 시간인데?"

"그 시간에 비즈니스 미팅을 하자고? 말도 안 된다."

손정의는 그 시간은 "모든 것이 영감(靈感)으로 이어지는 황금의 시간"이라고 강조한다. 가장 순수하고 맑고 깨끗한 시간이라 비즈니스 미팅을 하면 분명히 성사로 이어지고 발전한다는 신념을 가지고 있다.

그가 강조하는 명언 중에 한 구절, 소프트뱅크 그룹에 입사를 지원한 젊은이들을 대상으로 실시한 강연에서 강조한 말이다.

"청춘이여! 양복을 입은 전사(戰士)가 되어 힘차게 뛰자!"

전사는 전투복을 입은 군사들을 지칭하는 용어지만, 글로벌 경쟁 사회에서는 예의와 격식을 갖춘 젠틀맨, 곧 정장을 한 신사들의 싸움이기 때문에 '양복 입은 전사들의 경쟁'이라는 말이다. 전쟁에서는 승리해야만 살아남듯이, 글로벌 경쟁에서도 승리해야만 살아남는다는 것이다.

"머리가 터질 정도로 생각하고 또 생각하라!"

손정의는 평소에 늘 이렇게 강조한다. 상대하기 까다로운 사람이 되라고 강조한다. 상상할 수 있는 것은 반드시 실현할 수 있다는 신념을 가지고 공정함에 연연하되 겸손함과 자신을 굽히지 않는 강인함을 양립하는 사람이 되는 것이 중요하다.

도망갈 길을 끊고서라도 열정을 바칠 용기를 가진 사람, 다음 시대를 먼저 읽고 시대가 쫓아오기를 기다리는 사람, 자신의 그릇을 스스로 작게 만들지 말고 크고 멀리 바라보는 사람이 큰일을 해낼 수 있다는 말이다. 진정한 동료가 되기 위한 조건은 '뜻'이 통하는 것이다. 뜻이 통하지 않으면 일을 성공적으로 이끌어 가기 어렵다고 그는 강조한다. 그는 동물의 세계에서 일어나는 맹수들의 이야기를 가끔 인용한다.

"사바나에서 사자 등의 맹수와 마주칠 때 돌아서서 등을 보이고

도망쳐서는 안 된다. 아무리 무섭더라도 등을 보이는 순간, 그 사람의 목숨은 이미 없어지는 것이다. 그럼 어떻게 해야 할까? 정면에서 당당하게 사자의 두 눈을 노려 보아야 한다."

사자를 닮아라

뜨거운 태양 빛이 쏟아지는 열사의 초원 사바나에서 사자를 만난다면 정면 대결할 자세를 취하라는 말이다. 사자를 닮거나 사자를 이길 수 있다는 담력이 필요하다.

오늘날 많은 청소년들은 동물의 왕이라는 사자를 눈앞에 둔 것보다 더 무섭고 혹독한 환경에 직면해 있다. 수능시험 준비로 중-고교 과정에 끌려가야 하고, 어렵게 대학에 들어가면 벌써 취업 준비를 걱정해야 하는 실정이다.

학문을 닦고 꿈을 펼쳐야 할 학창 시절을 일자리를 얻기 위해 보내는 것이 현실이다. 그렇게 보내고도 원하는 일자리를 찾는다는 보장도 없다. 미래가 불투명하다며 좌절하기 쉽다. 그러나 꿈을 키우며 준비하는 사람들에게는 길이 있다.

청소년들의 멘토를 자처하는 사람들이 무심코 던지는 위로의 말이 오히려 미래를 설계하고 꿈을 펼 수 있는 기회를 어둡게 하는 경우가 많다고 하였다. 그는 초청 강연을 하는 자리에서 단도직입적으로 잘라 말했다.

"지금 청소년들에게 가장 필요한 것은 귀를 간지럽게 만들어 주는 무책임한 멘토가 아니라, 목숨을 걸고 자신의 꿈을 추구하는 뜨거운 열정이다."

손정의 소프트뱅크 회장은 재일교포 한국인 후손으로 일본의 정보 혁명을 선두에서 이끌면서 일본 최고 갑부 자리에 오른 입지전적인 인물이다.

06 IT 산업에 몰두

절대 포기하지 마라

손정의는 일본인들의 엄청난 민족적 차별과 냉대가 계속되는 상황에서도 절대로 포기하지 않았다. 사업을 정리하며 내실을 다지는 한편, 차분하게 재기의 기회를 노렸다. 그는 이렇게 강조했다.

"열정 하나만 있으면 된다!"

일반적으로 사람들은 '나는 아무것도 가진 것이 없다'고 한탄한다. 그러나 한탄하지 말고 무조건 부딪치고 이겨 내라고 그는 말한다. 하나만 있으면 된다. 그것은 바로 열정이라는 것이다.

그는 사실 열정의 사업가이다. 과감하고 빠르게 IT 산업의 아이템을 선점하고 절대 주저하지 않았다. 실제로 소프트뱅크의 회사 분위기는 매우 독특하다. 주요 부서의 책임자가 사업의 수익성을 따지다가 기회를 놓치면 엄청난 문책을 당하지만, 과감하게 사업을 추진했다가 실패하면 도리어 인정을 받는 것으로 유명하다.

　물론 기회를 잡기 위한 그의 아이디어 발상법도 독특하다. 그는 전혀 상관없는 아이템을 적은 카드를 무작위로 뽑아 자신이 선정한 카드와 조합해 사업 아이템을 정하는 것이다.

 IT 산업

IT 산업이라는 말은 정보기술(Information Technology)의 머리글자를 따서 만든 약자이다. 인터넷이나 소프트웨어, 이동통신, 반도체, 전자 등 정보를 송신 또는 수신하고 저장하는 일련의 모든 기술을 통틀어 가리키는 말이다. 정보기술은 컴퓨터 · 소프트웨어 · 인터넷 · 멀티미디어 · 경영 혁신 · 행정 쇄신 등 여러 분야에 걸쳐 정보화 수단에 필요한 유형 또는 무형의 기술을 통칭하는 말로, 간접적인 가치를 창출하면서 이윤을 증대함을 목표로 삼고 있는 새로운 개념의 정보 종합 기술이다.

직업으로는 IT 기술을 직접 개발하고 연구에 참여하는 인력도 있을 것이고, 인재를 양성하는 대학교수나 전문 학원 강사, 정부기관에서 관련된 업무를 담당한 공무원, 기업체에서 관련 분야의 업무를 맡은 산업 인력 등 그 범위가 매우 넓고 그 종류도 대단히 많다.

인터넷 왕국 건설

결국, 손정의는 초고속 인터넷 사업을 활기 넘치게 진행했다. 그의 예상은 현실로 드러났다.

"내 뜻은 정말 그랬다. 소프트뱅크를 왜 만들었나. 디지털 정보 혁명으로 인간을 행복하게 만들고 싶어서다. 싸고 빠른 인터넷을 제공하는 것보다 더 질실한 것이 있을까. 일부 사람들은 그렇게 애써봤자 별로 고마워하지도 않는다. 누구 덕분이었는지 얼마 안 가 다 잊어버릴 것이라고 말했다. 그러나 나는 대꾸했다. '나를 믿고 따르라!'고. 그럼 나는 지금 어떤가? 이름도 필요 없다, 돈도 필요 없다, 지위도 명예도 목숨도 필요 없다는 남자다. 그런 남자가 제일 상대하기 힘들다. 바로 그런 사람이라야 큰일을 이룰 수 있다. 그리고 내 뜻을 펴는데 열성을 쏟았다."

이는 일본 개화기 정치가 사이고 다카모리가 한 말을 인용한 것이다. 그렇듯 막무가내로 달려드는 인간은 그 누구도 제어하거나 눌러버릴 수 없다. 아무리 그런 의기를 꺾으려고 해도 도저히 당해낼 수 없기 때문이다.

손정의는 소프트뱅크 사업으로 일본을 인터넷 강국으로 끌어올린 탁월한 기업가이다. 그의 공은 일본에서 활동하는 수많은 재일동포에 대한 민족 차별 의식을 벗겨내는데 상당한 역할을 하였다. 민족적 차별 관념이 과거보다는 많이 좋아졌지만 여전히 부정적인 시선들이 다수 존재하고 있다는 것도 사실이다.

재일동포 3세로 일본의 세계적인 기업 소프트뱅크 회장으로 우뚝 선 손정의는 통신, 고속 인터넷, e커머스 등의 기술 관련 분야 대기업을 이끌고 있다. 그는 자수성가의 대표적 인물로 뽑히고 있다. 손정의의 할아버지는 일제강점기 시절 탄광 노동자로 끌려갔고, 아버지는 생선장사 등 밑바닥 인생살이를 하였다. 따라서 손정의도 어린 시절 무척 불우한 삶을 이어 나갔다.

하지만 고등학생으로 미국 유학을 결행, 대학에서 경제학과 컴퓨터과학을 공부한 뒤, 미래에 컴퓨터 기술이 혁명을 일으킬 것으로 확신하고 일본으로 돌아가 24세 청년 시절인 1981년 소프트뱅크를 설립하였다. 이후 빌게이츠를 여러 차례 만나 마이크로소프트 윈도 독점 판매권을 따내 창업 4년 만에 시장의 60%를 점유하는 놀라움을 보여 주었다.

손정의는 또한 투자자로 유명하다. 1995년에 당시 매년 적자가 나고 직원이 15명뿐이던 야후의 주식 지분 35%를 확보했고, 2000년엔 중국의 평범한 영어교사 출신 마윈이 세운 전자상거래 기업 알리바바의 주식에 2,000만 달러를 투자하는 용단을 보였다. 그 이후 야후는 세계적 검색 포털이 되었고 알리바바가 뉴욕 증시에 상장되면서 중국 최대 전자상거래 기업으로 발전하였다. 이에 알비바바 지분의 34%를 소유한 손정의도 덩달아 천문학적인 이익을 보게 된 것이다.

소프트뱅크 그룹 손정의 회장은 외국에서 조국과 민족을 위해 열심히 일하는 한국의 아들이다. 재일교포 3세인 그의 조국 사랑 이야기는 널리 알려져 있다. 그런 사례의 하나로 2000년에 소프트뱅크 그룹의 한국 지주회사인 소프트뱅크 벤처스 코리아를 설립하여, 국내 시장에서도 창업 투자 사업을 활발히 이어오고 있다.

또한, 손정의 회장은 '소프트뱅크 벤처스 포럼 2014'를 통해 한국 벤처기업들을 위한 각별한 메시지를 전달했다. 특히 그는 "1~2년의 단기적인 사업이 아니라 30~50년 후의 미래를 바라보는 장기적인 관점이 앞으로의 정보혁명 사회의 핵심"이라고 여러 차례 강조했다.

실제로 그가 지난 10년 동안 투사하고 육성한 기업들은 평균적으로 20배 이상의 높은 기업 가치를 보여주면서 승승장구하였다. 물론 그가 하는 일들이 모두 성공 가도를 달린다는 보장은 없다. 그도 일의 선택에서 많은 실패를 경험했다.

하지만 알리바바의 경우처럼 100배 또는 1,000배가 넘는 투자 대박을 터뜨리기도 한다. 이런 일은 그가 1년이나 2년의 단기적인 안목을 넘어서서 적어도 20~30년 후를 내다보는 혜안과 사업적 투자 전략으로 일어나는 일이다.

"지금 현실에서 20년 또는 30년 후의 미래 세상을 생각하는 것은 무척 어렵다. 요즘은 10년에도 강산이 두서 번 변한다고 말한다. 그만큼 세상의 흐름이 빠르고 변화의 속도가 가속화되고 있는 세상이다. 하지만 나는 그런 미래를 예측하는 재주가 남다르다고 자신 있게 말할 수 있다. 그런 까닭은 나는 항상 미래를 내다보며 생각하고 질문을 던지기 때문이다.

현실적으로 20~20년은 고사하고 10년 후의 미래를 준비하는 기업도 흔하지 않다. 그래서 나는 투자할 때 10년 후에 3배 성장하는 대상을 찾지 않는다. 최소 10배는 성장하는 기업을 원한다. 그래야만 투자의 효율을 챙길 수 있다. 현명한 투자가라면 그런 먼 미래를 바라봐야 한다."

그는 왜 먼 미래를 꿈꾸며 살아가라고 강조할까? 그런 의미를 소프트뱅크의 중앙처리장치(CPU)를 통래 구체적으로 전달하고 있다. 그것을 통해 미래 사회의 중요성을 다시 한번 강조하고 있는 것이다.

CPU는 보통 1.5년에 한 번 업그레이드하는데, 그때마다 2배 이상의 성능 향상을 보여 준다. 이 같은 흐름이라면 10차례의 업그레이드가 진행되는 15년 후의 CPU는 지금보다 1,000배 뛰어난 성능을 지니게 된다는 계산이다. 이런 가상은 그의 유명한 숫자 방정식 '2의 10승 제곱병법' 공식에 바탕을 둔 셈법이다. 다시 15년 뒤에는 무려 100만 배 이상을 뛰어넘는 엄청난 성능 향상을 가져오게 된다.

이것이 그가 계산하는 CPU의 마력(魔力)이다. 이는 위대한 탄생을 넘어서서 초현실적인 혁명 공학을 일으키게 된다는 것이다. 손정의는 이런 변화를 '정보의 혁명'이라 강조했다.

"30년 후의 미래가 지금보다 100만 배 성장한다는 것을 어떻게 믿을 것인가? 또 그런 가상을 무엇으로 설명할 것인가? 보통 상식으로는 가당치도 않은 허망한 공상이라고 생각하기 쉽다. 과거의 사례로 볼 때 그런 초기하급수적인 변화의 실체가 없었기 때문이다. 그러나 이런 근본적이면서도 기하급수적인 변화, 가공할 만한 변화는 결국 우리에게 새로운 기회를 안겨준다. 현재의 비즈니스는 물론 커뮤니케이션 방식, 정보수집의 과정 등 모

든 것이 근본적으로 바뀐다. 이런 변화 속에서 기회를 찾아야
한다.”

손정의 회장은 “가까운 내일이 아닌 10년, 30년 후의 먼 미래를 생
각하며 살아가는 가장 큰 이유는 그 속에 기회가 있기 때문”이라고
강조한다. 그는 초고속으로 급변하는 ‘정보 혁명’ 사회 속에서 예측
할 수 있는 모든 변화를 염두에 두고 스스로에게 끊임없는 질문을 던
지고 그 수수께끼를 스스로 풀어나가고 있다. 그것이 지금의 ‘손정의
와 소프트뱅크’를 만들어 준 핵심이다. 그가 던져주는 메시지는 ‘변
화를 리드하라’는 것으로 간단하고도 명확하다.

“변화를 두려워하지 말고 리드하라. 변화 그 자체가 곧 기회이
다. 그 변화가 무엇일까? 하는 질문을 스스로에게 던지고 풀어
가라. 현재에 안주하지 말고 변화에 적응하는 능력을 키우면서
끊임없이 도전하라.”

그는 ‘소프트뱅크 벤처스 포럼 2014’를 통해 “미래 조국의 주인공
이 될 청소년과 젊은이들이 큰 꿈을 키워 나가라.”라고 당부했다.

“나는 여러분들이 미래의 영웅이 되기를 바란다. 그리고 그 과
정을 나와 소프트뱅크가 지원할 수 있기를 희망한다. 뛰어난 아
이디어가 있다면, 강한 열정이 있다면 주저하지 말고 우리에게
다가오면 된다. 여러분과 함께 할 때 나 역시 성장할 수 있다. 언
제나 기억해야 하는 것은, 기회는 모두에게 열려 있다는 것이다.
이를 결코 잊지 마라.”

07 현대판 돈키호테

기회를 잡아라

"매상은 5년 뒤에 100억 원을 돌파하고, 10년 후에는 500억 원을 돌파할 겁니다. 궁극적으로 매출 규모를 1조, 2조 단위로 끌어올리고자 합니다."

창업 초기, 그는 사원과 아르바이트하는 사람들을 상대로 연설을 시작했다. 그때 그가 올라간 연단은 허름한 목조 건물의 사무실 한구석에 마련한 사과 박스 연단이었다. 그때 그의 나이는 24세였다.

"손정의는 현대판 돈키호테다!"

직원은 물론 주변 사람들이 비아냥거리는 말이었다. 그런 이유는 그가 거의 날마다 똑같은 연설을 한다고 하여 사람들이 빗댄 것이다. 그의 연설 모습이 마치 돈키호테 같다고 비유한 때문이다. 돈키호테 같은 괴짜이지만 당당하고 패기 넘치는 그의 모습이 성공으로 이어진 발판이 아니었을까?

　손정의 회장의 숨겨진 성공법의 비밀은 역시 돈키호테 같은 기질에서 나왔다고 평가하는 사람들이 많다. 그 가운데서 대표적인 것이 배짱 두둑한 독점 계약에서 승부를 갈랐다. 그 점이 바로 천재 사업가 손정의 CEO 경영 기법이다.

　손정의가 일본에서 500개의 사업을 검토한 후 처음으로 시작한 사업이 소프트웨어 유통회사다. 그는 50년 동안 지치지 않고 열정적으로 할 수 있는 사업으로 소프트웨어 유통 사업을 선택한 것이다. 앞으로 50년 동안 성장할 사업으로 점찍은 것이 그대로 적중했다.

　소프트뱅크 창업 당시 소프트웨어 유통이라는 말 자체가 일본 사회 흐름에서는 아주 생소한 이야기였다. 그런 생소한 사업을 그가 먼저 손대고 개척했다. 하지만 경쟁자가 없는 시장인 반면에 고객도 없었다. "무엇을 어떻게 어디서부터 시작해야 하나?" 손정의는 창업과 동시에 고민에 빠졌다. 그때 마침 오사카에서 전자제품 관련 전시회가 열렸다.

　"옳지! 기회가 왔다!"

　그는 손뼉을 힘차게 치며 외쳤다. 여기에 사업의 승부수를 던졌다. 자본금 1,000만 엔으로 시작한 손정의는 과감하게 자본금의 80%에 이르는 큰돈 800만 엔을 투자하여 전시회 입구에서 가장 가깝고 가장 큰 부스를 임대하였다. 그는 이렇게 확보한 부스를 아주 영리하게 활용했다.

　10개의 소프트웨어 회사에게 무료로 그 부스를 쓸 수 있게 한 것이다. 이것은 바로 그의 대명사가 된 '무료 특판'의 발판이 되면서 손정의 시대를 여는 찬스가 되었다. 각 소프트웨어 회사는 비싼 부스를 구매하지 않아도 되었고, 좋은 자리에서 자기 회사의 제품을 홍보할 수 있는 절호의 기회를 얻은 것이다.

오사카 전자제품 전시회에 참여한 소프트웨어 회사들은 이때 손정의를 처음으로 알게 되었고 그에게 상당한 호감을 보였다.

손정의는 이때부터 시장을 장악하는 법을 실행에 옮겨 나아 갔다. 가장 싸게 또는 무료로 나눠 주고 시장을 빠르게 석권하여 다른 경쟁자가 시장에 진입할 수 없도록 만드는 새로운 기술을 터득한 것이다.

나에게 적수는 없다

손정의는 적수는 없다는 도전의식으로 사업을 전개한다. 비즈니스 세계는 그 정도로 호락호락하지 않다. 냉정한 판단은 야망을 단순한 공상에서 머무르도록 방치하지 않는다. 돈을 벌지 못하면 사업을 하는 의미가 없다. 선택한 업계가 앞으로 꾸준히 성장할 것으로 판단되는가? 앞으로 50년 이상 그 일에 몰두할 수 있는가를 생각하라.

자본이 너무 많이 필요한 사업은 안 된다. 젊었을 때는 적극적으로 도전하라. 장차 반드시 그룹 회사의 핵심이 되도록 하라. 아무도 생각하지 못한 독특한 사업을 하라. 10년 이내에 적어도 일본에서는 정상의 자리에 오를 것이다. 사업 성공의 열쇠는 바로 많은 사람을 행복하게 하는 데에 있다. 21세기 후반은 그 어느 때보다 세계를 향해 도약하기 쉬운 때다.

"순간마다 최선을 다하라."

그에게는 말이 곧 행동이다. 계획은 곧 실천을 의미한다. 꿈이란 허황된 망상이 아니라 언젠가는 반드시 현실에서 이루어 낼 것이라는 것이다. 처음 사업을 시작할 때 '현대판 돈키호테'라는 말을 들었다. 그때 겨우 24세였는데 확실히 그랬다. 그의 온몸은 주체할 수 없는 열정으로 불타올랐다.

젊은이들을 향해 고정관념을 깨부수는 매력이 있다. 그 매력은 이런 것이라고 구체적으로 표현할 수 없지만, 인간적인 매력이 풍겨 나오는 것은 분명한 사실이다. 컴퓨터 시대를 바라보는 열정이 남달랐다. 그가 가진 것이라곤 꿈과 열정이 전부다.

"하는 일마다 열정을 쏟아라."

열정과 성공에 대한 확신이 매우 강하다. 자신의 능력을 신뢰하고 늘 앞을 내다보며 행동했다. 자신에게 다가오는 운을 놓치지 않았다. 행동력과 열정에 반한 많은 사람이 그를 궁지에서 몇 번씩이나 구해주었다. 그는 아날로그의 감성을 가진 디지털 인간이라는 평을 들었다. 이런 인물과 같은 시대를 살고 있다는 것 자체가 행복이라고 주변 사람들이 말했다.

손정의는 필사적으로 삶의 의미에 대해 고민했다.

"인생이란 무엇인가? 도대체 내가 무엇을 위해 살아가고 있는 것일까? 나 자신을 위해서? 가족을 위해서? 그도 아니면 직원들을 위해서, 고객을 위해서?"

그러나 어떤 대답도 내릴 수가 없다. 좀 더 깊이 있는 삶을 살 수는 없는 것인지도 모를 일이다. 자신과 가족만을 위하는 삶이 아니라, 좀 더 인류 사회에 이바지하는 삶을 살 수는 없는 것일까? 단 한 번뿐인 삶인데 하는 생각이 깊어졌다.

사업에 대해서는 늘 주도면밀하고 굉장히 신중하게 대응한다. 하지만 일단 서로 의기투합만 하면 상대방에게 전폭적인 신뢰를 보낸다. 이는 그의 장점이자 동시에 약점이기도 하다.

"창업자 타입의 경영자는 새로운 것을 좋아하고 열정을 쏟다가도 금방 시들해져 버리는 습성이 있다. 바로 이 점이 결점이라는 사실을 알게 되었다."

손정의와 교류하는 많은 사람이 공통적으로 하는 말이 있다.

"어린아이 같은 표정, 친근한 미소, 조그마한 체구, 도대체 손정의의 어디에 그토록 매력이 나오는지 아무도 알 수 없다. 하지만 그는 이따금씩 엄청난 폭발력을 보여 주었다. 끝을 알 수 없는 에너지를 품고 있는 것이다. 무슨 일이든 열정적으로 목숨을 걸고 해왔다. 도전을 결코 두려워하지 않는다. 사업가라면 누구나 이러한 자질을 지니고 있을 것이다."

어떠한 곤경에 처하더라도 결코 이성을 잃지 말자. 언제 뛰어들고 언제 물러날 것인지를 정확히 판단하라. 비즈니스에서의 소중한 전술, 전략을 체득한 것은 물론 무엇으로도 바꿀 수 없는 신용이라는 커다란 재산을 얻었다.

실패를 두려워 마라

　실패를 실패로 끝내지 않는 것이야말로 손정의의 가장 큰 강점이다. 성공의 열쇠는 실패 속에 숨겨져 있다. 눈앞의 이익만을 추구하면 큰 이익을 얻을 수 없다. 계획이라는 것은 참신한 나눗셈과 같다. 중요한 것은 결과다. 최종적으로 얼마나 성과를 거둘 수 있는가에 대한 대책이 계획에 반영되어야 한다. 1년이라는 기간을 먼저 생각하라.

　다만 1년은 12개월이지만 12로 나눠선 안 된다. 아무리 치밀한 계획을 세워도 반드시 계획대로 일이 진행된다는 법이 없다. 1년을 12로 나누지 말고 14로 나누어라. 그렇게 하면 2개월 분의 여유가 생긴다. 1주일의 계획도 마찬가지다. 7로 나누는 것이 아니라 9로 나눈다. 그렇게 하면 마음의 여유가 생기고 능률도 오르게 된다.

　"자기의 능력부터 파악하라."

　자기가 부족한 부분이 무엇인지를 확실히 파악하라. 이야말로 공부의 본질이다. 그의 집안에는 독특한 가풍이 있다. 그것은 바로 어떤 일이든 자기 스스로 개척한다는 것이다. 보통 사람 이상으로 매사에 신중하다고 할 수 있다.

　하지만 일단 일을 결정하면 덤프트럭으로 밀어붙이는 기질이 있다. 사업을 통해 무엇을 추구할 것인가? 청춘 시절을 통해 함양한 것, 그것이 바로 높은 의지였다. 그 높은 의지란 바로 자신의 사업이 다가오는 디지털 정보사회에 반드시 공헌할 것이라는 강한 자신감이었다.

08 제2의 스티브 잡스

탁월한 혁신가

일본 사람들은 물론 미국에서도 손정의를 '제2의 스티브 잡스' 라고 꼽는다. 손정의 일본 소프트뱅크 회장이 '포스트 잡스' 시대를 이끌 혁신가로 떠오른 것이다.

'일본의 빌 게이츠', '제2의 스티브 잡스', '아시아의 워런 버핏' 등 소프트뱅크 손정의 회장을 수식하는 단어는 화려하다. 손정의는 일본 직장인들이 뽑은 '최고의 CEO' 투표에서 도요타 아키오 도요타자동차 사장과 '경영의 신'으로 불리는 이나모리 가즈오 교세라 명예회장을 누르고 1위에 선정되었다. 그만큼 그는 회사를 경영하는 데 있어 뛰어난 능력을 발휘한 기업인이다. 〈월스트리트 저널〉은 이렇게 평가했다.

"스티브 잡스는 이미 세상을 떠났지만 그가 헨리 포드와 토머스

에디슨의 뒤를 이었듯이, 놀라운 혜안을 지닌 또 다른 혁신가가 나타날 것인데, 그 후보 가운데 한 사람이 바로 손정의다."

페이스북 최고경영자 마크 저크버그가 걸어온 길도 스티브 잡스를 닮은 '리틀 잡스'로 꼽혔다. 저크버그도 스티브 잡스처럼 하버드대학교를 중퇴하고 창업가의 길을 선택하고 성공하여 젊은 나이에 세계적인 갑부가 되었다.

아마존 CEO 제프 베조스는 '잡스에 가장 가까우며 애플에 가장 위협적인 인물'로 평가받았다. 베조스는 인터넷 서점 아마존을 전자제품, 가구뿐 아니라 영화·음악 콘텐츠를 유통하는 거대 온라인 업체로 키운 사람이다.

〈월스트리트 저널〉이 이들을 또 다른 혁신가로 평가하면서 주목한 까닭은 충분한 이유가 있다. '새로운 제2의 잡스'의 깜짝 등장 무대로서는 바로 에너지와 건강 진료 시스템 분야를 개척했다는 이유에서다.

친환경에 남다른 관심

손정의는 친환경 에너지 연구 지원, 한국 기업과 통신 인프라 구축 협력 등 최근 소프트뱅크의 거침없는 행보를 거듭하면서 또 다른 시선을 끌었다. 소프트뱅크는 일본 정보통신 분야에서 NTT 도코모를 앞지르는 기세로 급성장하였다. 이런 손정의와 소프트뱅크의 저력은 어디서 나오는 것일까? 앞으로 어떤 미래를 꿈꾸면서 그려 가고 있을까?

이에 대해 손정의가 직접 말문을 열었다. 그중에는 재일교포 3세로서 자신이 겪었던 쓰라린 냉대와 가슴 아픈 설움을 잊을 수 없다. 더구나 어린 시절에 그가 할머니를 마치 한국과 동일하게 여겼던 기억과 존경, 그리고 미국 유학을 떠나기 전에 할머니 손을 잡고 한국을 방문했던 일 등을 처음 밝히는 이야기들로 가득하였다.

그는 자신의 암울했던 과거를 되짚으며 원대한 미래를 대담하게 선언하고 있다. 손정의는 스스로 생애 최고의 연설이라 자부한 '신 30년 비전 발표'를 통해 "어떤 미래 비전이 필요한가? 앞으로의 세상을 어떻게 바라보아야 하는가? 기업은 어떻게 변화해야 하는가? 경영자는 무엇을 해야 하는가?"라고 말하면서 그 실마리를 제공하였다.

뛰어난 제품을 만들고, 요금 경쟁을 해서 고객을 한 명이라도 더 늘리는 기업적인 계산만이 최대 목표는 아니라는 것이다. 우수한 제품과 좋은 서비스를 제공함으로써 사람들의 행복을 키우고 슬픔을 줄이겠다는 것이 소프트뱅크가 이루고 싶은 유일한 소망이다.

더 많은 사람에게 감동을 안겨 주고 그 감동의 메아리를 보다 널리 퍼뜨리고, 사람들의 행복을 보다 크게 키우려는 것이 손정의 회장의 사업 목표이자 기업 이념이다. 그는 그 꿈을 열아홉 살에 세웠고 40대에 이루었으며, 50대부터 실천하였다.

전략과 성취

01 새로운 30년 작전

새로운 시도

손정의는 새로운 사업을 시도할 때 그 사업에 대해 철저하게 공부를 한다. 그럴 때 그의 공부 방법은 매우 독특하다. 소프트뱅크가 어떤 사업을 새로 시도하거나 인수하고자 할 때는 자금이 필요하다. 그는 먼저 금융 전문가인 투자은행에 프레젠테이션을 의뢰하고 자신이 이룩하고자 하는 사업 목표에 맞추어 독창적인 질문과 함께 자문을 구한다.

때로는 그 질문이 너무 앞서가는 개념이라 전문가도 이해를 못 하고 반문할 정도이다. 이러한 질의응답 과정을 통하여 전문가도 모르는 것을 발견하고 그에 따르는 대책을 세운다. 이는 금융 분야에만 해당되지 않는다. 법률, 광고, IT, 마케팅 등 여러 분야에도 적용된다.

이렇게 해서 가장 최고로 여길 수 있는 지식을 얻어내고 공부를 하는 것이다. 그러나 대부분의 대기업 CEO들은 손정의처럼 그렇게 고단수의 새로운 지식을 얻으려고 하지 않는다. 그런 까닭은 기업 내에 법률 전문가, 재무 담당자, 광고 전문가 등을 두고 있으므로 그들에게 일을 맡긴다. 하지만 손정의는 여러 전문가가 해야 할 일까지 세세하게 알고 이해하려고 한다.

손정의는 그렇게 하여 얻은 새로운 지식을 조합하여 경쟁사나 다른 기업이 흉내 내지 못하는 독창적 전략을 세운다. 그런 점이 바로 손정의의 공부 방법이고 성공의 비결이다.

300년 이어갈 비전

손정의는 소프트뱅크를 300년 동안 이어갈 영속 기업으로 키운다는 것을 목표로 삼고 있다. 그래서 소프트뱅크의 비전 철학인 300년 영속 기업의 전초 단계로 새로운 30년 전략을 세우고 추진하고 있다.

300년 비전의 원대한 목표를 향한 새로운 30년 작전은 지금의 위치에서 과거 30년을 돌아보고 앞으로 다가올 30년을 내다보면서 그동안 어떻게 할 것인가를 표방한 구체적인 계획인 동시에, 300년 이상 인류에게 공헌하는 가치 있는 영속 기업을 만든다는 장기적 프로그램이다.

300년 이어갈 영속 기업으로 키운다는 목표를 담은 프로그램은 창업자이자 절대적인 영향력을 가지고 있는 손정의 회장 이후 소프트뱅크가 어떤 길을 가야 할지에 대한 깊은 고민과 성찰을 밝힌 선언이다.

새로운 300년 비전은 소프트뱅크의 역사를 짚어 보고, 불변의 가치를 재확인하며, 미래 사회를 선도할 만한 세계 톱 기업으로서의 미래상을 제시하여 놓은 손정의 프레젠테이션으로 곧 미래 소프트뱅크의 방향을 시청각으로 밝혀 놓은 거대한 프로젝트이다.

"이념을 경영의 실제로!
 정보 혁명으로 사람을 행복하게 한다."

새로운 300년 비전 프로젝트를 통해 사람이 언제 행복하고, 언제 불행할지에 대해서 이야기하는 것으로 시작한다. 기업의 장기 발전과 성장을 담아 놓은 사업계획을 발표하는 프레젠테이션의 앞머리에 사람의 행복과 불행에 대해 이야기하는 것 자체가 정말 낯선 장면이다. 하지만 소프트뱅크라는 거대한 선박에 탑승하여 함께 이끌어 가는 모든 구성원에게는 조금도 낯설거나 어색하지 않다. 왜 그럴까? 정보 혁명을 통해 사람들을 행복하게 한다는 목표와 이념이 같기 때문이다.

미래를 창조하라

"미래를 창조하라. 미래를 창조하는 사람은 성공의 열매를 딸수 있다."

손정의는 미래를 내다보는 눈이 남다르다. 그가 미래를 내다보는 혜안이 없고 기회를 잡고도 실행하지 않고 머뭇거렸다면 슈퍼 갑부의 신화 창조를 이루어 내지 못했을 것이다. 그는 미래를 창조하고 사업을 전개하여 슈퍼 갑부에 오른 행운의 사나이이다.

하지만 이보다 더 중요한 것은 단순한 행운의 사나이가 아니라, 하늘이 준 기회를 실행으로 옮겨 슈퍼 갑부의 신화 창조를 이룩해 냈다는 것이다. 그는 자신의 신화 창조를 직원 채용에 적용하고 있다.

"소프트뱅크가 진정으로 원하는 사람은 행동으로 기회를 잡고 미래를 창조하겠다는 용기를 가진 사람이다."

아무리 좋은 기회라 해도 잡아서 실천에 옮겨야만 신화 창조를 이룩할 수 있다는 신념이다.

기회가 오기만을 기다리는 사람, 또는 기회가 아직 오지 않았다고 생각하면서 머뭇거리는 사람, 기회가 찾아올 것이라고 믿고 기다리는 사람은 순진한 천하의 바보라고 강조했다.

본래 창조는 용기 있는 사람에게 주어지는 기회이다. 그래서 기회는 창조를 준비하고 있는 사람에게 다가온다. 미래를 내다보고 실행하는 사람은 다가온 기회를 발전의 원동력으로 만든다. 성공한 사람들은 미래 창조에 신통한 사람들이다.

기회를 기다리지 않고 미래를 향해 힘차게 전진하는 사람은 성공한다. 누구에게나 미래의 꿈은 있고 기회는 온다.

마케도니아의 정복왕 알렉산더 대왕이 8년간 1만 8,000km를 달리며 넓은 영토를 점령하고 승리를 거두자 부하 장수가 왕에게 물었다.

"기회가 오면 또 다른 도시를 진격하여 점령합니까?"

그는 이 말에 버럭 화를 내며 "너는 기회가 언제 올 것이라고 생각하나? 기회는 스스로 만들어 내는 것이다. 창조하는 사람만이 훌륭한 업적을 세울 수 있다."라고 말했다.

기회는 스스로 노력하는 사람이 만들어 내고, 창조하는 사람만이 훌륭한 업적을 세울 수 있다는 신념은 동양이나 서양을 가릴 것 없고, 예나 지금이나 마찬가지이다. 이는 동서고금이 다르지 않다.

리더십은 자신의 노력과 집념으로 스스로 개발하고 키우는 것이다. 노력으로 자신이 처한 환경을 변화시키면서 단점을 고치고 장점을 발전시켜 재능을 펼치고 지도력을 발휘하는 것이다.

기회는 성공의 발판이다. 성공한 사람들의 공통점은 기회를 창조하는데 매우 능숙하다. 그들은 기회가 있을 때 이를 잡아 활용하고 기회가 없을 때는 기회를 창조한다.

똑똑한 사람은 천사가 기회를 보내 주기를 기다리지 않고 능동적으로 기회를 만들고 실행으로 추진하여 신화 창조를 이룩하면서 엄청난 권력을 잡거나 막대한 황금을 손에 쥔다.

누구나 자신을 위해 기회를 만들 수 있다. 기회를 창조한다는 것은 다름 아니라 힘써 무엇인가를 만들어 내고 자기가 반드시 해야 할 일을 스스로 만들어 내는 것이다.

성공한 사람들은 자기를 위해 기회를 창조하는 수단과 방법을 가리지 않고 훔치는 일을 하는 것이 아니다. 작은 일부터 하나하나 관심을 두고 올바른 마음으로 이웃을 위해 봉사하는 정신으로 모든 일을 성실하게 진행하면서 자신의 성공을 만들어 가는 사람이다.

손정의를 배워라

2010년 6월 25일 주주 총회 자리에서 그는 소프트뱅크의 신 30년 비전 철학으로 소프트뱅크가 가야 할 방향을 잘 녹여 냈다. 그가 밝힌 소프트뱅크의 새로운 30년 비전 철학은 소프트뱅크가 가야 할 방향의 청사진이기 때문이다.

"앞으로 30년이 아니라 300년간 성장할 가능성이 있는, 끝없이 진화하는 기업 구조를 발명했다는 평가를 받고 싶다. 2040년까지 5,000개 기업에 투자하겠다."

사람은 300년을 결코 살 수 없지만 기업은 300년을 지속할 수 있다는 전통을 세워야 한다는 것이다. 그래서 그의 300년 기업은 허풍이 아니다.

현재 소프트뱅크가 투자한 회사는 1,000여 개에 이르는 것으로 알려졌다. 손 회장은 이를 5,000개 사로 늘린 후 인터넷 시대에 빠른 의사 결정이 가능하고 수평적인 의사 결정이 가능한 회사들의 연합체로 끌고 가겠다는 계획이다.

조직 체계가 분산돼 있고 멀티 헤드쿼터를 가진 다양한 인물들이 회사를 이끄는 것으로 스스로 진화하고 증식하는 회사가 되는 것이라고 밝혔다.

이를 위해 소유나 지배에도 관심이 없이 출자 비율을 20~40% 정도로 조절할 계획이다. 중앙집권적인 피라미드 구조로는 의사소통에 병목 현상이 생기고 행동이 굼떠 기회를 놓칠 수 있다는 것이 그의 진단이다.

소프트뱅크가 꿈꾸는 조직은 아마도 전 세계적으로도 처음일 것이라고 강조했다. 300년 존속 기업의 비전은 차츰 구체화되고 있다. 많은 사람이 소프트뱅크의 '300년 비전'에 감명과 신뢰를 보내고 있다.

손정의 회장은 '새로운 30년 비전' 프레젠테이션을 통해 전 세계 비즈니스맨들을 감동의 늪으로 빠뜨렸다. 프레젠테이션은 앞으로 펼쳐질 30년의 기업 방향을 사진처럼 담아 놓은 종합 프로젝트이다. 그의 새로운 30년 비전을 자세히 살펴보면 앞으로 손정의 회장과 소프트뱅크의 실천이 무엇에 바탕을 두고 있는지 금방 알 수 있다.

'소프트뱅크 신 30년 비전'을 담은 《일본의 제일 부자 손정의》는 출판 이후 비즈니스맨과 기업 경영에 관심을 가진 젊은이들 사이에서 이미 창업과 전개에 대한 교과서로 평가를 받으면서 필독서로 꼽혔다. 그런 까닭은 그 책 속에 손정의라는 인물의 성공담과 성장 배경, 철학 등 모두를 담아 놓았기 때문이다.

'소프트뱅크 신 30년 비전' 발표 동영상을 본 많은 젊은이가 깊은 감동을 받고, 새로운 의지를 가다듬었다.

신 30년 비전은 일본뿐 아니라 한국에서도 마찬가지로 뜨거운 관심을 불러일으켰다. 여러 언론 매체를 통해 비전의 대략적인 내용이 소개되었다. 특히 2011년 6월 말, 손정의 회장이 방한했을 당시에 이 내용을 다시 발표하면서 열광에 휩싸였다.

한 회사의 미래를 향한 비전 발표 내용이 국경을 넘어 대중적 화제가 되는 것은 매우 드문 일이다. 소프트뱅크의 새로운 30년 비전이 특정 회사 차원을 뛰어넘는 보편적인 내용을 담고 있어서, 업종이나 규모와 관계없이 모든 비즈니스와 경영에 적용할 수 있는 지혜가 녹아 있기 때문이다. 그래서 수많은 사람이 감동하면서 마음을 움직이게 된 것이다.

02 계약의 승부사

벼랑에서 탈출

오사카 전자제품 전시회는 성공적으로 끝났다. 그러나 그에게 남은 돈은 고작 200만 엔뿐이다. 그는 "이 돈으로 무엇을 할 수 있을까?" 하는 또 다른 고민에 잠겼다.

"이 벼랑에서 탈출해야 한다." 그는 두 주먹을 불끈 쥐었다. 그러던 어느 날 뜻밖의 기쁜 소식이 날아들었다. 오사카의 조신전기에서 전화가 왔다. 오사카에는 전자상가가 밀집해 있는 닛퐁바시라는 곳이 있다. 우리나라의 용산 전자상가와 비슷한 곳으로, 큰 전자상가 업체들이 몰려 있는 곳이다. 조신전기는 그곳에서도 가장 규모가 큰 곳이다.

"우리는 J&P라는 PC 전문점을 오픈하려고 하는데 소프트웨어 상품 구색을 갖춰 줄 수 있는가?"

그는 "고맙습니다. 해드리죠!"라고 흔쾌히 대답하였다. 그런데 도쿄에서 오사카로 달려가고 싶었지만, 당장 갈 여건도 아니어서 또 다른 고민에 잠겼다. 그만큼 그때는 그가 가장 어려웠던 시절이었다. 그래서 시간을 벌기 위해 오사카 방문을 늦추었다. 역시 운이 따랐다.

"손 사장! 오사카로 올 것이 아니라 내가 도쿄로 가겠소!"

조신전기 회사의 죠큐 히로미쓰 사장이 도쿄로 직접 찾아오겠다는 것이다. 왜냐하면, 손정의가 계속해서 오사카 방문을 업무 일정 때문에 연기하는 것으로 착각한 조신전기 사장이 그를 직접 찾아오겠다는 전화였다. 조신전기 사장도 그만큼 바빴던 것이다. 그런 열성적 기동력 때문에 오사카에서 가장 큰 매장을 열었는지도 모른다. 도쿄에서 손정의를 만난 죠큐 히로미쓰 사장은 손정의 담담하고 기백 있고 결단성 넘치는 말을 들으면서 무척 감동했다.

남다른 열정

"나는 경험도 없고 자금도 부족하지만 정열과 자심감은 충분합니다. 일본 시장에 나와 있는 모든 소프트웨어를 모아서 전시해 드릴 테니 독점 계약을 합시다!"

"좋아요! 그렇게 합시다!"

조신전기 입장에서는 그동안 소프트웨어 공급업체도 있고, 신뢰가 어느 정도 쌓여 있는 업체도 몇 군데 있었다. 그래서 손정의의 독점 계약은 조금 무례하다는 생각이 들었다. 하지만 죠큐 히로미쓰 사장은 흔쾌히 승낙했다. 정말 빠른 결정이 아닐 수 없었다. 그야말로 일사천리로 독점 계약을 맺었다. 손정의에게는 본격적인 사업의 시작을 알리는 찬스였다.

손정의는 죠큐 히로미쓰 사장과 독점 계약을 한 다음 모든 일정을 빠르게 진행하였다. 그는 오사카 전시회 때 참가한 10개의 소프트웨어 업체에게 연락해 소프트웨어를 확보하는 민첩함을 보였다.

전시회 때 소프트뱅크 손정의에게 호감을 가졌던 그 업체들은 두말없이 손정의에게 신뢰를 보내면서 적극 호응해 주었다. 그로 인해 손쉽게 소프트웨어 제품을 확보하게 되었다. 이렇게 기민하게 움직이면서 탄력이 붙었다.

이를 발판으로 소프트웨어 일본 제일의 회사인 허드슨 회사와도 계약을 맺었다. 일단 계약에 성공한 손정의는 또다시 허드슨 회사에게 독점 계약을 원했다. 허드슨 회사는 손정의에게 5,000만 엔의 요구 조건을 내걸었다.

"5,000만 엔? 어디서 돈을 구할 수 있을까?"

손정의는 비상수단을 동원해 그 돈을 마련한 뒤 바로 결정을 내려 허드슨과의 독점 계약을 맺고 독점권을 따냈다. 그는 독점이라는 계약 조건으로 사업의 승부를 걸었다. 독점 계약은 사업이 도약하는 에너지가 되었다. 그는 독점 계약의 놀라운 승부사였다.

특히 미국의 세계적 컴퓨터 황제 빌게이츠를 여러 차례 만나 마이크로소프트 윈도 독점 판매권을 따내 창업 4년 만에 시장의 60%를 점유하는 솜씨를 보여 주었다.

03 중국 마윈과 손잡다

단 6분 만에 결정

2001년 겨울은 인터넷 업계에도 매우 혹독한 한파가 몰아치는 겨울이었다. 그 겨울에 중국 인터넷 업계는 그야말로 낙엽이 떨어진 앙상한 나무처럼 초라했다. 한때 무섭게 성장하며 IT 산업에 목숨 걸던 기업들은 더 이상 버티지 못한 채 여기저기서 문을 닫았다. 겨우 사업을 유지하

| 마윈(잭마)

던 기업들도 인터넷마저 포기하고 오프라인으로 방향을 틀었다.

강추위가 심하게 몰아치던 2001년 연말, 잭마(Jack Ma, 중국명 : 마윈)는 한국의 재일교포 기업가인 손정의 회장에게 손을 내밀었다. 손 회장은 상하이에서 열린 투자회의에서 마윈에게 물었다.

"전자상거래를 포기하고 다른 분야로 전향하는 것이 어떤가?"

그러자 마윈의 대답은 단호했다.

"1년 전 그대로입니다. 손 회장님께 투자를 부탁드리러 갔을 때 제 꿈을 말씀드렸지요. 지금 제가 말씀드리는 것도 여전히 그 꿈 그대로입니다. 달라진 것이라면 지금은 그 꿈이 한 발짝 더 가까이 다가왔다는 것이죠. 저는 현재에 안주하지 않고 계속해서 앞으로 나아갈 것입니다."

"좋아요! 하죠!"

손정의의 대답은 짧고도 간단명료하였다. 중국 시장이 너무나 방대하다는 것을 잘 알고 있었다. 그는 중국을 무대로 사업을 전개한다면 반드시 승산이 있다고 판단했다. 그래서 마윈을 만난 지 단 6분 만에 2,000만 달러의 투자를 약속한 것이다. 재일교포 한국의 아들 손정의가 중국의 초기 갑부로 떠오른 마윈의 협력 제의를 받아주었다. 한국인과 중국인이 협력의 손을 잡으면서 글로벌 기업의 꿈에 날개를 달았다.

그의 알리바바 투자는 중국은 말할 것도 없고 일본에서도 큰 뉴스였다. 그 무렵 손정의 회장이 중국 내 신생 IT 기업에 투자한 평균 금액은 20만 달러(2억 원) 수준이었는데 2,000만 달러의 거금을 투자하겠다고 선뜻 나섰기 때문이다.

이로써 손정의 회장의 투자 결정은 가난한 청년 사업가 마윈의 운명을 바꿔 놓았다. 손정의 회장은 마윈의 든든한 후원자가 되어 주었다. 그런 덕분에 마윈은 사업을 키우면서 승승장구하였다.

2014년 여름 중국 알리바바 그룹의 마윈 회장은 IT 기업으로는 사상 최대 규모의 뉴욕 증시 상장을 앞두고 손정의 소프트뱅크 회장과 함께 도쿄 시내에 마련된 강연장의 단상에 올랐다. 이때 마윈은 이런 말을 하면서 손정의 회장과 포옹하여 청중들을 감동시켰다.

"손정의 회장과 나는 같은 종류의 동물이라고 생각한다. 소프트뱅크에서 알리바바에 거금을 출자한 것에 대해 매우 감사하고 있다. 소프트뱅크도 우리에게 감사하고 있을 것이다."

손정의와 마윈 두 사람은 시종일관 친분을 과시하며 화기애애한 모습을 보였다. 드디어 알리바바는 현재 중국 전자상거래 시장의 84%를 점유하는 거대한 기업으로 성장했다. 손정의 회장이 투자한 2,000만 달러가 알리바바를 세계 최대의 전자상거래 업체로 성장시키는 결정적 기폭제 역할을 한 것이다.

뉴욕 증시에서 대박

알리바바가 미국 뉴욕 증시에 상장되면서 마윈은 블룸버그 세계 억만장자 랭킹에서 219억 달러(약 22조 8,745억 원) 순자산으로 34위(중국 순위 1위)를 차지했고, 알리바바 최대 주주인 손정의는 일본 최고의 갑부로 등극하였다.

마윈이 손정의를 만나 일순간에 큰 지원을 받은 것은 끈기 있게 믿고 기다린 결과였다. 이로써 알리바바는 그해 혹독한 겨울 한파를 이겨내고 만물이 소생하는 봄철과 함께 눈부신 발전을 이뤄낼 수 있었다. 투자자와 직원들은 하나같이 마윈에게 진정으로 감탄하며 고개를 끄덕였다.

물론 이 모든 성과는 첫째로 마윈의 거북이 같은 강인하고 끈덕진 인내심 덕분이었다. 손 회장은 알리바바 지분 34.4%를 소유하면서 최대 주주로 등장, 세계 최대의 전자상거래 업체로 성장하는 데 결정적 기여를 한 때문이다.

멀리 내다볼 줄 아는 그의 안목 덕분에 14년 전에 2,000만 달러(205억 원)를 투자해 578억 달러(59조 원)를 벌어들여 대박을 맞았다. 투자한 사업은 우리나라의 옥션과 비슷한 중국 마윈의 알리바바였다.

더욱 놀라운 사실은 2000년에 회사를 창업한 뒤 관광 가이드 일을 하고 있던 야후의 제리양 소개로 일면식도 없는 마윈 회장의 아이디어를 듣고 그 자리에서 단 6분 만에 투자 결정을 내렸다는 것이다. 사실 마윈의 알리바바는 창업 후 5~6년 동안 신통한 성과를 거두지 못하고 있었던 상태라, 손정의 회장은 별로 개의치 않았다고 전한다.

성공에 대한 확신, 무언가 미래에 대한 확신이 있지 않고서야 단 6분 만에 그런 거금을 투자하겠다는 결정을 하기는 무척 어려운 일이다. 멀리 내다보는 눈이 있어야 미래에 대한 확신도 서는 법이다. 그래서 대단한 사람이라는 칭송을 듣는다.

역시 손정의 회장은 아시아의 빌 게이츠 또는 워런 버핏이라고 평가할 만하다는 것이다. 마윈은 '신념과 의심'에 대하여 자기의 생각을 비교적 차분하고도 소상하게 밝히는 사람이다.

"신념이라는 단어는 참으로 미묘한 뜻을 함께 지니고 있다. 나는 나 자신을 자주 의심하지만 신념은 절대 의심하지 않는다. 신념과 자기 자신은 언제나 같은 것은 아니기 때문이다. 내가 과연 일을 잘하고 있는지를 의심했던 때는 많다. 신념과 목표를 의심해 본 적은 없다. 알리바바를 만든 것은 세상 모든 기업들이 좀 더 쉽게 사업을 펼칠 수 있도록 하기 위한 서비스 차원이다. 이 것이 나의 신념이었고 이 신념은 틀리지 않았다. 그러나 내가 지금 이 길을 제대로 가고 있는지 끊임없이 의심하면서 수시로 나에게 묻곤 한다."

"창업은 열정 하나로만 실행할 수 있는 일이 아니며, 성공은 뼈를 깎는 노력 없이 이루어 낼 수 있는 것이 아니다. 창업은 성공이 목표이며, 희망과 이상, 사명감이 반드시 필요하다. 성공하고 싶다면 내가 지금 어떤 신념으로 어떤 일을 하고 있으며 무엇을 원하는지, 또 그것을 위해 무엇을 포기할 수 있는지를 무엇보다 명확히 판단하고 그 방향을 설정하여야 한다. 그런 뒤에 어떤 일이 있어도 신념만큼은 결코 흔들리지 않게 굳건히 지키고 있어야 한다. 신념은 바로 흔들리지 않는 결심 그 자체이다."

마윈은 기업을 하는 사람들은 용기와 신념이 투철하여야 한다. 그 용기와 신념은 강철 같은 믿음에서 나온다고 강조한다. 사람은 누구나 욕망이 강하고 유혹에 약하다. 의도적으로 다가오는 유혹의 손길을 뿌리치기가 무척 어렵다. 어떤 일을 하고자 하는 욕망이 넘쳐 흐르거나 끓어 오를 때에는 유혹에서 자유로워지기가 더욱 어렵다.

04 아름다운 열정

꿈의 날개를 펴라

손정의 회장은 "열정은 꿈이요, 아름다운 꽃이다."라고 말했다. 이 말을 통해 그의 탁월한 안목에 대한 참모습을 다시 느끼게 한다. 그는 창업의 천재로 불린다.

"꿈의 열정을 갖고 그 날개를 펴라!"

글로벌 사회는 전진하고 혁신하는 사람들이 앞서가는 국제무대이다. 오늘의 성적이 내일도 그대로 이어진다는 보장이 없다. 머물러 있는 사람은 반드시 추월당한다. 끊임없이 자기 개혁을 하는 이유가 바로 여기에 있다. 그는 사람들에게 늘 경계의 말을 한다.

"언젠가는 제품도 유행이 지나간다. 그러므로 끊임없는 개발과 연구, 개혁이 뒤따라야 한다. 한쪽에서는 엄청난 잠재력으로 파위게임을 준비하면서 시장을 넘보고 있는데, 시장을 먼저 점유했다고 큰소리치는 것은 바보 같은 생각이다."

자기가 발전하고 무엇을 이루고자 한다면 현재 위치나 지위에 머물러서는 절대 안 된다. 현재 상황에 만족하지 않는 사람은 새로운 성공을 거둘 수 있는 사람이다. 손정의는 기업 경영의 천재인 것만은 분명하다.

이 분야에서는 그 누구도 쉽게 따라붙거나 앞설 수 없을 만큼 독보적인 영역을 장악한 천재라는 것을 모두가 인정한다. 그렇다고 해서 앞으로도 영원히 세계적인 천재 경영인으로 미래를 편안하게 지낼 수 있고, 또 모든 일이 만사 오케이로 순탄할 것이라고는 보지 않는 사람들도 적지 않다.

오늘날 과학기술은 하루가 다르게 발달하고, 오늘 개발된 새 기술도 내일이면 낡은 것으로 밀려 나는 일이 쉴 새 없이 되풀이되기 때문이라는 것이다. 초고속으로 새로운 과학기술이 쏟아져 나오는 현실에서는 단 한 번 과학기술을 발견 또는 발명해 낸 공적만으로 평생을 편안히 지낼 수 있는 과학기술을 존재할 수 없다는 이야기다.

처음 만들어 내고 다시 고치고 또 고쳐야만 이용자가 계속 이어진다. 고생은 결코 한 번으로 끝나는 것이 아니라 계속해서 이어져야 한다는 말이다. 열정이 없는 기업은 발전하는 것이 아니라 퇴보한다. 새로운 기술을 만들어 내야 하고, 이에 따른 새 제품을 끊임없이 생산해야만 실패 없이 살아남을 수 있다. 현대 사회는 그만큼 고통과 진화의 연속이다.

끊임없는 자기 개혁

손정의의 경영 리더십은 놀랍게도 '끊임없는 자기 개혁'이다. 그는 사람들에게 언제나 자기 개혁과 변화를 강조한다.

"우리는 현재에 만족할 수 없다. 계속해서 자기 개혁을 해야 한다. 우리 스스로가 바뀌 나가야 회사가 발전한다. 이는 우리에게 주어진 숙명이다."

그는 실제로 소프트뱅크를 설립한 이래 끊임없는 도전을 계속하였다. 시장은 끊임없이 진화하면서 경쟁하는 데 성공했다는 안일한 생각에서, 성공의 달콤한 향수에 젖어 있도록 시장이 내버려 두지 않는다.

대다수 기업이 특정 분야에서 세기적인 발명품으로 신제품을 내놓아 성공하면 적어도 그로부터 10년간은 편안히 지낼 수 있다고 말한다. 그러나 손정의는 그렇게 생각하지 않는다.

"오늘 신제품으로 대성공했다 해도 그것은 오늘의 문제이다. 오늘의 대성공은 내일을 향해 새로운 준비를 해야 하는 발판일 뿐이다. 내일을 대비하지 않고 또 미래를 준비하지 않으면 오늘의 대성공은 곧 무너진다. 우리는 모든 직원으로 하여금 절대로 과거나 현재의 성과에 만족하여 자만하면서 머물러 있도록 내버려 두지 않고 미래로, 미래로 힘차게 달려가도록 독려한다."

손정의가 매력적으로 다가오는 또 다른 이유는 그가 일단 우리나라 사람, 대한민국 사람임을 잊지 않으려고 하는 의지 때문이다. 지금 우리가 살고 있는 현재는 감동적인 성공 신화를 지닌 굴곡 넘치는 삶을 살고 있는 사람의 이야기를 듣고 싶어 한다.

마치 인기 드라마와 같은 성공담 말이다. 이런 현상은 흔히 영웅을 우러러 보던 옛날의 모습과 크게 다를 바가 없는 일이다.

소프트뱅크 손정의 회장은 인기 드라마 속의 성공담을 충분히 가지고 있기에 그의 삶과 성공담이 감동을 자아내는 것이다. 손정의 회장은 어린 시절 초등학교 교사를 꿈꾸고 있었다. 그런데 일본 사람이 아니고 재일교포라 자격이 없다며 교육자의 길을 허락하지 않았다. 민족적 차별을 통렬하게 느낀 그는 교육자의 꿈을 접고 남들과 다른 길을 갈 수밖에 없었다.

그는 사업가로 크게 성공하면서 일본에서는 IT 산업계의 최고 부자로 떠올랐다. 스스로 민족 차별성을 보여준 손정의의 행보, 그리고 남다른 포부는 한국인의 기질을 일본인들에게 유감없이 통쾌하게 보여 준 것이다.

05 뜻밖의 행운

설득력의 천재

소프트뱅크는 컴퓨터 소프트웨어를 유통하는 업체였다. 그런데 소프트뱅크라는 이름이 손정의에게 큰 행운으로 다가온 것이다. 다이치겐쿄 은행에서 융자 업무를 담당하고 있던 영업사원이 소프트뱅크의 간판을 보고는 같은 은행 동업자인 줄 알고 회사를 방문한 것이다. 소프트뱅크 직원은 다이치겐쿄 은행의 영업 담당자에게 회사에 대해서 자세하게 설명해 주었다.

이러한 인연으로 손정의는 다이치겐쿄 은행의 고지마치 지점장인 미키야 마사유키를 만났다. 그는 직접 누군가를 만나기만 하면 상대를 자신의 편으로 만들 수 있는 뛰어난 설득력을 가지고 있다. 다이치겐쿄 은행의 지점장은 가벼운 마음으로 손정의를 만났지만, 그가 이야기하는 미래 비전에 완전히 끌려들어 갔다.

제대로 된 영업 보고서도 없는 신생 회사인 소프트뱅크에 보증인도 없는 조건으로 1억 엔을 최고 좋은 조건으로 융자해 주었다. 이때 융자받은 돈은 소프트뱅크가 일본에서 최고의 소프트웨어 유통 점으로 성장하는 바탕이 되었다. 소프트뱅크 사업은 1982년에 정상 궤도에 올랐다. 그러나 뜻밖의 일이 터졌다.

'5년밖에 못 산다'는 진단

"중증 간염으로 5년 정도밖에 살 수 없다."

의사로부터 시한부 인생이라는 선고를 받았다. 뒷날 손정의는 그때가 가장 힘겨운 시기였다고 밝혔다. 이때 손정의는 어쩔 수 없이 회사 일에서 손을 떼고 치료를 위한 요양 생활에 들어갔다.

그로부터 3년 동안을 병원에서 지냈다. 입원해 있는 동안 독서에 열중했다. 간염으로 병원에 입원해 있을 때 읽은 책이 무려 4,000권에 이른다. 그가 인생에서 가장 괴로웠던 순간, 간염 치료제가 없어서 자칫 잘못하면 죽음에 이를 수도 있었던 생사를 넘나드는 순간에 독서에 빠져 4,000권을 읽었으니 참으로 엄청난 독서량이다.

그는 결정의 순간마다 책을 읽었다. 특히 수많은 책 가운데 일본의 국민소설 《료마가 간다》는 그때 읽은 책 가운데 가장 큰 힘을 주었다. 너무나 감동적이어서 《료마가 간다》를 읽고 또 읽기를 세 번이나 거듭했다.

"죽음을 선고받는다고 해도, 재미있고 즐겁게 최선을 다해 살아가면 좋지 않겠는가?"

그 글귀에서 활기를 되찾을 수 있었다. 운명은 하늘에 달렸다는 말을 손정의는 믿었다. 그때 마침 간염의 획기적인 치료법인 스테로이드 이탈요법을 개발한 구마다를 만나 건강을 회복하는 단계를 맞았다. 좋은 책은 마음을 움직이게 만드는 에너지이고 삶의 방향을 바꾸게 해주고, 조금 더 빨리 달릴 수 있게 도와주는 동력이라고 밝혔다.

일본의 명작 《료마가 간다》와 중국 불후의 명작 《손자병법》에서 인생의 중요한 포인트를 배웠고 사업에 대한 철학과 비전을 얻었다고 꼽았다.

손정의는 지프 데이비스 회사 에릭 히포 사장을 통해서 야후의 존재를 알았다. 그때 야후는 사원 15명에 매출액이 2억 엔으로 적자에 시달리고 있었다. 반면에 손정의는 소프트웨어 유통과 잡지 발행 등으로 주식시장에 상장되어 큰돈을 벌면서 승승장구하고 있었다.

"우리가 야후를 인수해야겠다!"

그는 야후의 주식 37%를 얻기 위해서 150억 엔을 투자할 계획을 세우고 비공개로 인수 작업을 추진하였다. 그런데 미국 언론에서 이를 알고 비아냥대는 기사를 실었다.

"손정의는 일본의 마지막 거품 남자이다."

| 소프트뱅크, 야후 인수 (자료: 이코노미조선)

    하지만 손정의는 야후를 포기하지 않고 본격적으로 인수하는 작업을 진행했다. 150억 엔을 투자해 야후의 주식 37%를 사들였다. 그 뒤 10년 만에 야후의 주가가 껑충 뛰면서 소프트뱅크가 보유한 야후의 주식 시가 총액은 1조 4,586억 엔으로 증가했다. 그가 처음 투자한 금액에 360배가 넘는 떼돈을 손에 쥔 것이다.

06 세상을 바꾼 컴퓨터

컴퓨터에 푹 빠져

손정의는 과학 잡지 《일렉트로닉스》에 인텔이 발매한 8080 컴퓨터 칩이 실리게 된 것을 보고는 감동의 눈물을 흘렸다. 컴퓨터가 세상을 바꾸게 될 것으로 생각했는데 그 길이 성큼 다가온 것 같은 느낌 때문이다.

그는 인텔의 컴퓨터 칩이 찍힌 사진을 베개 밑에 두고 잠을 잤다. 낮에는 가방에 넣고 다닐 정도로 컴퓨터에 흥분해 푹 빠졌다. 마이크로컴퓨터 칩 사진을 항상 몸에 지니고 다니면서 손정의는 언젠가는 컴퓨터 업계에 진출한다는 각오로 열심히 공부를 했다.

"장차 내가 할 일은 컴퓨터 관련 일이다."

손정의는 대학에서 경제학을 전공했다. 그러나 앞으로는 컴퓨터가 온 세상의 중심이 된다는 생각을 했다. 마침 버클리대학교에서는 학생이라면 누구나 컴퓨터를 사용할 수 있는 환경이었다. 그래서 컴퓨터 강의를 들으면서 미래를 준비하는 훈련을 쌓았다.

대학교 시절의 일화이다. 손정의는 패션에 전혀 관심이 없어서 남루한 옷들을 입고 다녔다. 그런 모습을 본 백화점 노부부가 베트남 난민으로 여기고 동정을 베풀었다. 대학 재학 시절부터 사업에 대한 포부가 컸던 손정의의 첫 번째 사업 구상은 음성전자 번역기였다. 이를 개발하기 위해서 이 분야의 최고 권위사인 버클리대학교의 모더 교수를 찾아갔다.

"교수님! 음성 전자 번역기를 만들고 싶습니다."

모더 교수는 손정의가 망상증 환자라고 생각했다. 그러나 그는 설득의 힘이 강한 학생이었다. 그런 사례는 고교 다닐 때 멋대로 학년을 올려달라고 할 때 교장이 황당했던 것으로 충분하다. 검정고시를 볼 때도 외국인이니 사전을 보면서 시험을 보게 해 달라고 졸라 허락받은 일도 그렇다.

음성인식 번역기 발명

손정의는 대학생 시절에 음성인식 번역기를 발명하겠다며 끙끙거렸다. 버클리대학교 모더 교수 역시 손정의가 망상증 환자라고 생각했지만, 동양에서 온 학생에 불과한 손정의 말에 설득당하고 말았다. 그는 모더 교수의 지도 아래 음성인식 번역기를 만들기 시작하여 멋지게 만들어 냈다. 그로 인해 미래의 발명가 예비 스타로 떠올랐다.

그는 음성인식 번역기를 판매하는 과정에서 또 한 차례 뛰어난 설득력은 발휘하였다. 처음에 음성인식 번역기를 팔기 위해서 일본의 세계적인 샤프전자와 접촉하였다. 그러나 아무 경험도 없는 완전 초보자였기 때문에 문전박대를 당하고 말았다.

"그렇다면 회사의 고위 간부를 만나 담판을 짓자."

회사의 고위 간부라면 다른 사람보다 선견지명이 있어서 자신의 제품을 높게 평가해 줄 것이라고 생각했기 때문이다. 그러나 고위 간부를 만나는 일 자체가 어려웠다. 그래서 묘안을 짜냈다. 샤프전자와 일을 가장 많이 한 변리사 사무실을 알아내고는 그쪽에 전화를 걸어서 함께 일하자고 제안했다.

그 제안이 통과되자 샤프전자에서 가장 영향력 있는 사람이 누구냐고 물었다. 사사끼 전무라는 답을 들은 손정의는 사사끼 전무와 만날 수 있도록 도와 달라고 부탁했다. 그런 과정을 거쳐 사사끼 전무를 만났다. 사사끼 전무는 손정의를 보자마자 매료되고 그 자리에서 손정의의 설득에 넘어가고 말았다.

전무는 음성인식 번역기의 개발을 도와 주겠다고 약속했다. 손정의는 한걸음 더 나아가 평생의 후원자가 되겠다는 마

| 사사키 다다시 (자료: 아시아경제)

음의 표시까지 받아냈다. 뒷날 손정의가 사업을 시작하자 사사끼 전무는 자신의 집까지 저당 잡히며 보증을 서줄 정도로 후원자가 되어

주었다는 일화는 유명한 전설처럼 내려온다.

컴퓨터는 21세기 최대 문명의 이기(利器)로 꼽는다. 컴퓨터의 역사는 1812년 영국의 수학자 C. 배비지가 계산을 자동적으로 하는 기계를 처음 만들어 냈다. 그 뒤 1823년에 삼각함수표를 유효숫자 5자리까지 계산하여 출력하는 '디퍼런스 엔진' 차분기로 개발되었다.

1941년 독일의 K. 추제가 계전기식 계산기 제트-스리(Z-Ⅲ)로 방전시키고, 1944년 미국 하버드대학의 H. 에이킨이 IBM 회사와 협력하여 전자기계식 계산기 마크 원(MARK-I)을 개발했다.

계산기에서 컴퓨터로의 전환 과정은 헝가리 출신 미국 과학자 J. 노이만이 기억장치에 컴퓨터의 명령이나 데이터를 모두 저장하는 내장 방식으로 1945년 발전시키고, 1949년 영국 케임브리지대학에서 내장 방식을 보완하여 세계 최초로 내부 기억장치가 있는 에드삭(EDSAC)을 만들었다.

1951년 미국에서 유니박-원(UNIVAC-I)을 개발하여 상업용 컴퓨터 시대를 열었다. 그 뒤 제1세대→제2세대→제3세대→제4세대→제5세대 등으로 발전되어 오늘에 이르렀다. 컴퓨터는 프로그램에 의하여 데이터를 입력, 저장, 검색하여 결과를 출력하는 전자장치이다.

전자회로를 이용하여 수치 계산이나 논리연산을 함으로 전자계산기라고도 한다. 그 응용은 단순한 계산에 국한하지 않고 대량 데이터의 관리, 검색, 문자 인쇄 등에도 활용된다.

07 성공의 비결

수수께끼 같은 전설

소프트뱅크 손정의 회장의 성공 비결에 대해 많은 사람이 궁금하게 여긴다.

"회사를 경영하는 데 있어 뛰어난 능력을 발휘한 비법은 무엇일까?"

"여러 차례 위기를 어떻게 극복하였을까?"

손정의는 "리스크 없는 인생은 존재하지 않는다."라고 강조한다. 리스크는 살아가는 동안 언제 겪을지도 모르는 위험한 상황, 그럴 가능성을 가리키는 말이다. 리스크를 피하는 것은 불가능하므로 리스크 속에 숨은 기회를 찾는 통찰력이 중요하다고 말한다. 그가 사는 법은 리스크 없는 인생은 없다는 것이다.

실제로 손정의는 리스크를 기회로 만드는 최고의 전략가다. 2000년 IT 산업계의 버블이 붕괴되었을 때 일이다. 모두 사업 규모를 줄이고 매각하기에 바빴지만 손정의는 새로운 통신 사업을 벌이고 대폭적인 투자를 단행했다.

리스크를 안고 사는 인생에서 얼마나 그 리스크를 최소화하고 얼마나 빠르게 해결해 나가느냐 하는 실행력이 사업 성공의 열쇠라고 그는 강조한다. 그래서 많은 사람이 '손정의를 결단의 승부사'라고 일컫는다. 바로 그런 결단력과 실행력이 뛰어나기 때문이다.

시대의 흐름과는 반대되는 상식으로 맞섰다. 확대 균형 정책을 선택하고 통신 사업에 손을 댔다. 이것이 현재 소프트뱅크의 주력 사업으로 뿌리를 내리는 바탕이다.

즉흥적 기분에 따라 사업을 확대하거나 추진하는 것이 아니라 확실한 비즈니스 플랜과 일의 순서, 그리고 구체적인 계획을 짠 뒤 그에 따라 업무를 진행함으로써 새로운 기회를 발견하고 발전시켜 나아가는 것이다.

"손정의처럼 제대로 일하고 제대로 성공하라!"

여기에는 몇 가지의 실전 업무 노하우가 있다. 부자에게는 일과 절약이 필수 덕목이다. 일본 최고의 부자 자리라 해도 시간이 부족할 때는 야근을 하고, 일을 절대로 미루지 않으며, 불가능한 일에 힘을 낭비하지 않는다는 것을 근본으로 삼고 있다.

숱한 실패를 겪어 오면서도 부하를 질책하지 않는 철저한 리더십, 잠깐 물러서지만 결코 포기하지는 않는 끈기 등을 보여 준다. 성공하는 사람과 실패하는 사람의 업무 방식에는 분명한 차이가 있다. 손정의식 실전 업무 자세는 철저한 자기관리와 함께 기회를 잡을 수 있는 능력을 꾸준히 단련해 나간다는 것이다.

성공 인생 9계명

100세 인생 시대에 300년 기업 프로젝트를 힘차게 열어가는 손정의의 세상 살아가는 법, 기업하는 방식은 너무나 독특하다.

그는 성공하는 인생 9계명을 내놓아 또 다른 화제가 되었다. 그가 밝힌 성공 인생 9계명은 이렇다.

① **뜻을 세워라** : 사람들은 모두가 부지런히 걷고, 열심히 살아간다. 하지만 목표를 세우지 않고 걷는 사람이 99%이다. 먼저 오르고 싶은 산을 정하고 도전하라.

② **큰 뜻을 세워라** : 기왕이면 큰 뜻을 품어라. 1981년 9월 에어컨도 없는 허름한 사무실에서 직원 두 명으로 소프트뱅크를 창업했다. 나는 귤 상자에 올라가 "앞으로 30년 후에 매출 2조 엔(약 20조 원) 기업으로 키우겠다."라며 열변을 토했다. 두 직원은 사표를 냈다. 나를 "제 정신이 아닌 사람"이라고 조롱했다. 2013년 소프트뱅크 매출액은 6조 6,600억 엔(약 70조 원)을 기록했다.

③ **성패는 고객이 결정한다** : 미국 UC버클리대학 재학 시절 학비 마련을 위해 개발에 나선 품목이 다국어 번역기였다. 외국인인 내 자신이 영어 실력이 부족해 사전만 봐서는 정확한 영어 발음을 알 수 없었다. 그런 아쉬움을 다국어 번역기가 해결할 수 있도록 채워

넣었다.

　사람들은 별다른 기술도 들어가지 않는 다국어 번역기가 얼마나 팔리겠느냐고 했다. 그러나 이 제품으로 대박을 쳤다. 사업의 성패를 결정하는 것은 기술의 우위가 아니라 사용자들의 편의성에 달려 있다.

　④ **독서는 힘이다** : 나는 1983년 봄에 의사로부터 5년밖에 더 살 수 없다는 만성간염 판정을 받았다. 그 뒤 나는 수렁에 빠지는 느낌이 들 때마다 책을 펼쳤다. 그렇게 읽은 책이 4,000권이 넘었다. 나의 평생 비즈니스 전략인 제곱병법도 이때 창안했다. 평생 먹고살 지식을 이때 얻은 셈이다.

　⑤ **멀리 봐라** : 배를 타고 가면서 바로 앞을 내려다보면 멀미가 나지만, 몇백 m 앞을 내다보면 바다는 넓고 잔잔하다.

　⑥ **용기를 가져라** : 때에 따라서는 대중의 의견을 거스르는 용기도 필요하다. 어느 트위터리안이 나에게 "손정의는 일본에서 나가라! 두 번 다시 돌아오지 마라."라는 말을 남겼다. 그때 나는 "어디로 가면 되지?"라고 가볍게 응답했다.

　⑦ **능력을 지녀라** : 임직원의 평가 기준은 능력이다. 인류 역사상 지구촌에서 300년 이상 존속한 국가는 신라, 고구려, 고려, 조선을 포함하여 동로마 제국, 중국 청나라 등 손꼽을 정도이다.

　그러나 장남에게 상속을 포기한 나라들이 오래 갔다는 공통점이 있다. 능력과 상관없이 큰아들 혹은 내 핏줄이라는 이유로 후계자를 정하는 것은 위험하다.

⑧ **오너십도 중요하다** : 기업 최고경영자(CEO)의 임기는 4~5년이다. 이런 정도로는 자기 임기가 채워지는 정도의 계획만 세운다. 대업을 이루려면 20~30년의 관점에서 생각해야 한다.

⑨ **현장에서 뛰어라** : 문제 해결의 첫걸음은 현장에 가는 것이다. 17세에 미국 유학을 결심한 그 순간부터 내 인생은 지진과 해일, 폭풍의 연속이었다. 그렇지만 결국 해결할 수 있었던 원동력은 현장에 가보는 것이었다. 현장에 가보면 보이지 않던 문제가 보이고 해결책도 나타난다.

08 선택의 명수

날카로운 판단력

"손정의는 선택의 명수이다!"

소프트뱅크 사람들이 손정의를 평가하는 말이다. IT 산업계가 버블 붕괴의 위기를 맞았을 때 그는 정리해야 할 사업을 과감하게 결정하면서, 지속할 사업으로 야후 재팬을 선택했다. 다른 대형 사업은 매각하거나 손을 뗀 것이다.

소프트뱅크는 주가가 크게 떨어지고 세상의 평가도 바닥인 상황에서 분산된 힘을 집중할 수 있는 방법을 찾은 것이다. 손정의는 최후의 보루로 야후 재팬을 선택하고 혼신의 열정을 쏟았다.

일반적으로 구조조정은 사업을 축소하면서 직원들을 퇴출시켜 손익을 최소한으로 줄여 가는 비상수단을 말한다. 대부분 회사는 위기에 빠지면 이 방법을 선택한다. 위기를 탈출하는 방법으로 성장보다는 사업 축소를 통해 균형을 맞추는 쪽으로 끌고 가려는 것이다.

그런데 손정의는 그 반대였다. 사업을 과감하게 정리하며 얻은 자본을 다시 브로드밴드 사업에 투자했다. 불황이 겹치는 위기 상황에서 오히려 확대 균형의 길을 선택하였다. 사업을 정리하되 축소 균형의 늪에 빠지지 않음으로써 절체절명의 위기를 기회로 바꾸는 묘수를 썼다. 그렇게 소프트뱅크 통신 사업을 시작한 것이다.

사업을 정리할 때 축소하거나 또는 철수하는 기준은 왜 필요할까? 그 이유는 사업을 포기할 시기를 판단하기가 매우 어렵기 때문이다. 단순히 투자 자금을 회수하고 사업을 그만두겠다거나 더 이상 못 하는 등의 문제가 아니다.

어떤 사업 하나를 포기할 때에는 그 사업체에 근무하는 사원들의 열정과 시간, 거래처와의 관계, 시장에서의 영향 등을 폭넓게 생각해야 한다. 그래서 사업을 포기한다는 결단을 내리기가 쉽지 않다. 상황은 점점 어려워지는데 사업을 포기하지 않고 그대로 질질 끌고 가야 하는가?

그렇다면 소프트뱅크 회사는 이익이 아니라고 판단되면 무슨 일이든 빠르게 포기했을까? 결코 그렇지 않다. 빠른 포기가 회사의 이익이나 영업에 도움이 된다고는 생각하지 않기 때문이다. 소프트뱅크 회사의 역사를 돌이켜 볼 무한 도전정신이 무척 강하다.

거듭된 실패

오늘날 세계 최대 규모의 매출을 자랑하는 소프트뱅크 통신 사업은 거듭된 실패 끝에 얻어낸 소중한 산물이다.

사업가들 중에는 업무 처리가 느린 사람도 있고 무척 빠르게 속도를 내는 사람도 있으며, 어떤 일을 하는 도중에 다른 일을 하는 사람도 있다. 사업가들의 공통성은 업무를 재개했을 때 그전까지 수행했던 내용을 다시 생각한다는 점이다.

업무 속도를 높이는 데 있어서 가장 중요한 것은 원재료와 노동력 등의 기본 정보에 대한 판단이다. 사람의 뇌가 정보를 처리하는 속도는 누구에게나 비슷하다. 다만 그날그날의 컨디션과 훈련 여부에 따라 조금씩 다를 뿐이다.

그래서 동시에 여러 가지 일을 하면 일의 능률이 떨어지기 때문에 해서는 안 된다는 것이다. 업무의 속도를 높이는 일은 수익과 관련이 깊다. 컴퓨터 프로그램을 여러 번 되풀이하거나 입력된 자료를 다시 읽는 일은 시간 낭비일 뿐이다.

벤처기업의 마력

벤처(Benture)기업이라는 말을 즐겨 사용하는 시대를 맞았다. 지금 창업자도 구직자도 벤처기업으로 몰리고 있다. 그렇다면 벤처기업은 과연 만능 첨단 기업인가?

초기의 벤처기업은 대기업처럼 시스템이 구축되어 있지 않는 경우가 대부분이라 직원 개개인의 소질과 능력에 따라 성패가 판가름나는 일이 많았다. 특히 창업할 경우 회사의 운명이 본인의 능력에 의해 좌우되는 가능성이 매우 높다.

벤처기업은 회사의 브랜드 파워나 상품의 사회적 인지도, 비즈니스의 모델 등이 대기업에 비해 상대적으로 낮을 수밖에 없고 수익률도 떨어진다는 약점이 있다. 그만큼 리스크에 많이 노출되어 있다. 따라서 벤처기업가나 그 종사자 모두가 개척자적 입장이라 폭넓은 지식과 소양, 경험과 지혜를 갖추어야 한다.

이런 상황이라 대학을 나온 우수한 신입 사원들이라 해도 능력 발휘나 성공 보장 등을 장담하기가 매우 어려운 실정이다. 그러나 벤처기업은 특정 분야에서 매우 선도적이고 우수한 기술력을 자랑하는 신규 사업이다. 따라서 개척자적 기질이 강한 사람은 벤처기업에서 성공할 가능성이 그만큼 크다고 여긴다.

벤처기업은 경영자와 종업원 모두가 대기업이나 대학에서 뛰쳐나온 사람들이 중심이 되어 기존의 틀에 얽매이지 않는 업무 스타일로 고도의 전문 능력, 창조적 재능, 기업가 정신을 살려 전통적 대기업이 착수하기 어려운 특수한 사업을 펼치는 것을 말한다.

벤처기업은 처음에 전자, 화학, 기계를 중심으로 하는 단일 업종에서 일어났다 하여 하드웨어로 구분되었다. 그러나 오늘날에는 유통, 서비스, 사회개발, 모노, 정보처리 등 여러 분야로 확장되면서 소프트웨어로 발전하였다,

1960년대 미국에서 처음으로 시작된 벤처기업은 1970년대 일본에 상륙하고 1980년대에 우리나라에도 들어 왔다.

03

끝없는 개발

 01 신제품을 창조하라

철저한 속도주의

"새로운 제품을 기획하는 업무는 속도가 생명이다."

손정의 회장이 강조하는 말이다. 특히 신상품을 기획하는 일은 반대에 부딪히는 일이 허다하다. 세상에 존재하지도 않는 물건을 만들어 내야 하고, 그 제품의 장점을 강조하며 설득하면서 홍보 마케팅 서비스하는 일이 쉽지 않기 때문이다.

그래서 신제품에 대한 기획은 처음 단계에서부터 여러 가지 반대 이유가 생기게 마련이다. 시장이 어느 정도까지 성장할 것이라고 예측하는 일, 기존 제품보다 우수하다는 주장만으로는 반대 의견을 내는 사람들의 마음을 돌리기가 쉽지 않다.

반대하는 사람들을 설득하는 시간에 신제품을 개발하는 것이 우선이라는 속도주의가 더 중요하다고 그는 강조한다. 눈에 보이거나 손에 잡을 수 있는 구체적인 근거, 곧 신제품을 만들어 내는 일이 필요하다는 것이다.

신제품 개발 기획은 물건이 나오기 전에 설명하는 것보다 제품을 직접 보여 주는 것이 더 효과적이라는 것이 손정의 회장의 생각이다. 목표를 설정하고 실행하는 방법과 가치관을 이야기하는 그가 사는 법이기도 하다. 사업 선택의 기준은 매우 엄격하다.

그가 사업을 선택할 때 적용하는 기준 세 가지는 다음과 같다. 첫째, 플랫폼이 되는 사업, 둘째, 넘버원이 가능한 사업, 셋째, 이미 성공이 증명된 사업. 이 세 가지를 좀 더 구체적으로 살펴보자.

첫째, 플랫폼이 되는 사업은 모든 다른 사업의 기반이 되는 사업이다. 구매자와 판매자를 연결해 주는 야후 유통, 인터넷 브로드밴드 서비스인 야후 BB 등이다.

둘째, 넘버원이 가능한 사업은 특정 분야에서 압도적 영향력을 발휘할 수 있는 것이다. 창업주 자신의 능력도 뛰어나야 하지만 회사도 체력을 갖추고 있어야 한다는 말이다. 이런 요소는 일반적으로 창업을 하려는 사람 각자에게 큰 도움이 안 되는 기준으로 여기기 쉽다.

셋째, 이미 증명된 사업이란 비즈니스 모델이 확립된 사업을 인수함으로써 실패할 가능성을 줄이자는 것이다.

소프트뱅크가 선택한 기준은 애플의 아이폰 독점 계약을 비롯하여 보다폰 인수, 스프린트 인수, 야후 합작 설립 등으로 이어진다. 이는 무에서 유를 이끌어내는 창조력을 바탕으로 한 것이 아니라, 막대한 자금력을 동원해서라도 핵심 기업을 인수하기 위한 전략이다. 그

래서 무모해 보일 만큼 경쟁사보다 훨씬 높은 가격으로 입찰하는 과
감한 투자를 바탕으로 한다는 것이 특징이다.

전체를 보아라

손정의의 기업 경영 철학은 매우 특이하다.

"돈을 사람들 사이를 돌고 도는 것이고 하늘에서 떨어진다는 생
각이다."

비지니스 계획만 확실하다면 어디에서든 확실하게 대출받을 수
있으므로 창업 자금을 마련하겠다고 죽어라 돈을 모으려는 것은 참
으로 미련한 일이라는 것이다. 내 돈 가지고 큰 사업을 할 수는 없다
는 확신이다.

확실한 비즈니스 계획으로 부유층 투자자들을 만나 그 돈으로 창
업하라는 충고인 것이다. 그래서 돈은 돌고 도는 것이며 하늘에서 떨
어진다고 보는 것이다. 또 절대 해서는 안 되는 일이 있다. 부분 부분
을 완벽하게 하는 작업이다.

부분적인 작업은 부분에 불과할 뿐 전체가 아니라는 말이다. 아무
리 완벽한 내용이라 해도 전체적으로 조화를 이루지 않으면 나중에
삭제할 수밖에 없기 때문이다.

무엇보다도 부분에 신경을 쓰는 사람은 몇 배 더 많은 시간을 업
무로 소모하게 된다. 대강이나마 전체적인 방향을 잡고 필요한 자료
를 검색하는 것이 더 현명하고 실리적이라는 속셈이다.

새로운 사람을 만나라

많은 사람이 "날마다 똑같은 일만 반복하는 사람은 머리가 굳어진다."라고 말한다. 그런 경우는 똑같은 일에는 변화가 거의 없거나 진보의 속도가 매우 느리다는 것을 의미한다. 변화하지 않는 사람은 새로운 아이디어를 찾아야 한다.

학생들도 마찬가지이다. 날마다 똑같은 시간에 등교하고 정해진 교실, 의자에 앉아서 주어진 교과과정에 따라 공부한다. 그러나 그 과정은 연속성을 띠고 있어도 똑같은 내용은 거의 없다. 그래서 예습과 복습을 하게 하고 숙제를 내주는 것이다. 이는 머리 회전을 시키기 위한 과정이다.

손정의는 "똑같은 일만 하여 재미가 없다거나 그로 인해 머리가 굳어진다고 느껴질 때는 한동안 만나지 않던 옛날 친구나 새로운 사람을 만나 보라."고 권유한다. 그 이유는 "지루해하고 따분해하는 너의 머리를 회전시켜 주고 굳어지는 생각에 새로움을 넣어줄 기회가 된다."는 것이다.

늘 만나는 사람은 새로운 정보나 신선한 아이디어를 주지 못한다. 형성된 인간관계도 비슷하고 동일한 정보 네크워크에 소속되어 있어서 업무에 대한 일이나 진행, 처리 과정도 거의 같으며 세상 흐름에 관한 느낌이나 관점도 비슷하게 닮아 가기 때문이다.

그런 사례에 대해 손정의는 자신의 경험담을 들려주고 있다.

"15년 전이다. A통신사 대표와 미팅 약속을 했으니 A통신사와 관련된 자료를 만들라고 직원에게 지시했다. 직원은 '어떤 자료를 어떻게 준비할까요?'라고 한다. 그 회사에 대해 새로운 것을 찾아보라고 일렀다. 그랬더니 'A통신사는 젊은이들을 상대로 새로운 감각의 휴대전화를 만들어 파는 회사로 인기가 있다'는 자료가 올라왔다.

그때 우리 소프트뱅크는 다음 사업을 어떻게 진행하여야 할지 고민하고 있었다. 나는 A통신사 대표와 만나 이런저런 이야기를 하면서 '두 회사가 힘을 합쳐 새로운 형태의 메일 서비스를 전개하자'고 제안했다.

그러나 A통신사 대표는 나의 제안에 흥미를 보이지 않았다. 결국 나의 제안은 없었던 일이 되고 말았다. 만일 그때 나의 제안을 그쪽에서 받아주었더라면 트위터와 같은 서비스가 일본에 처음으로 탄생했을 것이다."

02 일에 미친 중독자

본질부터 파악하라

"손정의는 일에 미친 중독자이다."

소프트뱅크 회사 사람들이 공개적으로 하는 말이다. 정말로 일에 미친 중독자 같다는 생각이 들 정도라는 것이다. 일에 대한 고민은 오로지 일로만 해결이 가능하다고 강조한다. 그는 "일을 하면서 일 때문에 생긴 고민은 일로써 해결하라."라고 강조한다. 그런 면모는 오늘 가능한 일은 다 했다는 생각이 들어야 퇴근하는 그의 모습에서 그대로 드러난다.

"회장이 이토록 철저한 일 중독자라면 그 직원들은 얼마나 고통
스러울까?"

많은 사람이 이런 생각을 할 것이다. 하지만 손정의는 리더십의

본질을 잘 파악하고 실천하는 CEO로 유명하다. 일의 목표를 분명하게 설정하고, 역할을 분담시키고, 그 결과에 대한 책임을 스스로가 지는 특이한 기업인이다.

일의 실패에 대해 담당 직원에게 책임을 돌리는 것이 아니라 손정의 본인이 책임을 진다는 것을 확고히 보여 주고 있다. 그러니 오히려 직원들이 마음 편히 더욱 열성적으로 일을 추진할 수 있는 기업 분위기가 형성되고 그 분위기가 그룹의 전통이 되고 있다.

> "번뜩이는 아이디어는 10초 안에 나타난다. 10초만 생각하면 뭐든지 알 수 있다. 10초를 생각해도 모르는 문제는 더 이상 생각해도 쓸모가 없다. 10초 넘어가도록 길게 생각한다 해서 좋은 아이디어가 나오는 일은 거의 없다. 그 시간에 차라리 좋은 아이디어를 유도할 수 있는 방법을 생각하는 편이 낫다."

손정의 회장이 직원들에게 자주 강조하는 말이다. 그는 기존에 없던 새로운 퍼즐게임을 찾아내는 작업을 소홀히 하지 않았다. 중요한 키워드를 골라 수많은 조합을 계속 만들어 보는 것이다. 이는 바로 손정의식 퍼즐게임 기획력이다.

일본의 내로라하는 기업들 사이에서는 "손정의를 그대로 따라 한다는 것은 일찌감치 단념하는 편이 낫다. 그와는 DNA가 다르니까." 라고 말한다. 이는 그의 사업 구상이나 미팅 추진력을 모방할 수 없다는 경험에서 나온 말이다. 수많은 관계자와 스케줄을 맞추고 미팅 시간을 조정하는 실력만큼은 그 누고도 손정의를 따라 할 수 없다고 인정하기 때문이다.

공부하는 학생들이나 직장인은 물론 사업가들까지 손정의를 롤모델로 삼고 있을 정도이다. 손정의는 생산적 시간 관리에서부터 속도의 중요성까지 모든 과정을 하나의 연장선 위에 올려놓고 진행한다.

문서 작성의 귀재

특히 그에게는 '1박 2일 문서 작성법'으로 문서 작성을 효율적으로 빠르게 진행하는 노하우가 전매특허처럼 따라다닌다. 1박 2일 문서 작성법 실습교육을 통해 문서 작성을 효율적으로 빠르게 진행하는 일은 너무나 유명하다.

위험 요소를 안고 살아가는 인생에서 얼마나 그 리스크를 최소화하고 얼마나 빠르게 해결해 나가느냐 하는 것이 사업 성공의 열쇠이자 포인트가 되고 있기 때문이다.

손정의를 결단의 승부사라고 일컫는 것도 바로 '1박 2일 문서 작성법'의 속결주의에서 비롯된 것이다.

"오늘 할 일을 내일로 미루지 마라! 오늘은 오늘일 뿐이다."

만일 오늘 할 일을 내일로 미루면 어떻게 될까? 오늘 할 일을 내일로 미루면서 오늘 하는 일은 무엇일까? 그 시간에 무언가 다른 일을 하고 있을 것이다. 그렇다면 오늘 할 일이란 무엇일까? 그건 아마도 오늘 해야 할 어떤 과제, 아니면 오늘 하기로 계획되어 있는 일, 오늘 하지 않으면 안 되는 일 등 여러 가지일 것이다.

그런 일들을 하지 않고 내일로 미루는 이유는 무엇일까? 피곤해서, 몸이 아파서, 잠을 더 자고 싶어서, 하기 싫어서, 컴퓨터 게임이나 TV를 보기 위해서, 다른 더 중요한 일이 있어서… 등 여러 가지이다.

문제는 이런저런 핑계를 대고 오늘 할 일을 내일로 미룬다면 평생 아무 일도 못 하게 된다는 사실이다. 물론 중요한 일이 있을 수 있다.

중요한 일이라며 먼저 해야 하는 것이 필수지만, 그 일에만 매달리게 되면 좋아하는 일은 못 하게 된다. 내가 좋아하는 일과 중요한 일, 오늘 해야 할 일 등은 다른 사람이 대신해 줄 수 없다.

손정의는 자기에게 주어진, 자신이 해야 할 일에 최선을 다하는 사람이다. 그는 재일동포 3세로 일본에서 태어나 성장하면서 온갖 시련을 다 겪고 일본에서 성공한 사업가로서 현재 소프트뱅크 대표이사 겸 CEO이다.

애플의 아이폰이 사실은 손정의의 아이디어였다는 이야기가 있을 정도로 그는 IT 업계에서는 세계적인 영향력을 미치는 사람이다. 현재 일본에서는 최고의 슈퍼 갑부이고 세계적으로도 손꼽는 부자이다.

손정의의 성공 이면에는 남다른 투지와 도전정신, 그리고 날카로운 성찰력이 있었다. 조센징이라는 따돌림과 비난을 받으며 자란 손정의는 어린 시절에 아버지로부터 매우 독특한 이야기를 들었다.

그 말은 "너는 매우 특별한 사람이고 세상에 둘도 없는 천재"라는 말이었다. 여기서 그는 아버지로부터 특별함과 비범함을 인정받으며 용기를 갖고 자랐다. 조센징이라는 놀림과 민족 차별의 상처를 극복하고 자신감을 회복하고 강하게 자신의 길을 걸었다. 그 길이 바로 자신이 생각한 대로 나아갈 수 있는 가장 근본적인 첫걸음이라는 것을 배울 수 있었다.

그는 평소에 성공을 향해 강력한 메시지를 전했다.

"위기에 처하면 성공 요소를 찾아 집중 투자하라. 새로운 사람, 과거의 자신과 만나며 한번쯤은 되돌아보라. 목표를 정한 다음 필요한 걸 배워라. 누구라도 상관없으니 롤모델을 정하고 따라하라. 오늘 가능한 일은 오늘로 끝내라, 성공 확률이 낮을수록 기회다. 내뱉은 말은 반드시 지키며 끝까지 해내서 신뢰를 얻어라. 작은 성공이 커다란 신뢰가 되므로 먼저 성과를 보여라. 무에서 유를 창조하는 일은 어렵지만 주어진 일에 최선을 다하라. 모든 일에 전력투구하라."

한 우물만 파라

"최고가 되려면 우왕좌왕하지 말고 한 우물만 파라."

손정의가 강조하는 말이다. 공부하는 학생은 말할 것도 없고, 직장인들도 모두 최고가 되겠다는 마음으로 자기 일에 충실하고 있다. 이러는 흐름은 동서양이 모두 같다.

취업이 점점 어려워지는 세상이 되다 보니 전문 분야의 자격증을 취득하려는 열기가 뜨겁다. 이런 경향은 대학은 물론이고 고교에서도 일어나고 있다.

여기에는 구직, 취직에 대한 사회적 문제가 따른다.

전문 자격증이 있으면 구직 활동에 유리할까? 컴퓨터 만능 시대인 오늘날 컴퓨터 기능 자격증을 얻었다고 하여 어떤 회사든 취업할 수 있을까? 토익 점수가 높다고 능력도 높게 인정받을 수 있을까? 이에 대해 손정의는 이렇게 잘라 말한다.

"이런 스펙을 쌓는 일은 바람직하다. 그러나 그것만으로 구직난 시대에 취업할 수 있는 유리한 조건을 갖출 수는 있어도 절대적 인 평가를 받기에는 충분하지 않다"

스펙은 어디까지나 스펙에 불과하다는 것이 그의 생각이다. 기업 체가 전문 자격증 소지자를 우대하려는 것은 사실이나 취업 조건의 한 요건일 뿐 그 가치를 충분히 대우해 주는 사례가 아직은 뿌리를 내리지 못하고 있다는 것이다. 예를 들어 전문 자격증을 지녔다고 하여 취업 후에도 업무 능력이 발휘하여 승진이 빨라지지 않는다는 것이 손정의 회장의 생각이다.

그는 "성공하려면 먼저 목표를 정하고 한 우물만을 파라."고 강조한다. 갈팡질팡하다가는 세월만 허송하고 목표에 도달하지 못한다는 것이다.

03 기술 제국의 열망

타고난 승부욕

손정의의 특징은 타고난 기업가 정신이다. 그는 왕성한 도전과 끊임없는 승부욕으로 지구촌 제일의 통신 제국의 꿈을 이루었다. 그는 오뚝이 인생을 살아왔다. 재일교포 3세로 온갖 차별과 멸시를 견뎌냈다. 불고깃집과 허드렛일 외에는 교포들에게 변변한 직업을 허락하지 않았던 일본 사회에서 수많은 갈등을 삭이고 자란 주인공이다.

정체성을 찾아 헤매었던 사춘기의 방황은 이만저만이 아니었다. 염세주의에 빠진 극단적인 시간도 꽤 길었다. 고민했던 시간들 속에 주저앉았다면 오늘의 성공은 없었을 것이다.

미국 3위 이동통신 회사인 스프린트 넥스텔을 1조 8,000억 엔(20조 원)에 인수하는 등 인수·합병에 250억 달러 이상을 투입했다고 외신들이 전했다. 그뿐만이 아니다. 손정의 회장은 현재 미국 내 4위 이동통신 회사인 T모바일도 인수한다는 방침 아래 인수·합병 추진도 진행하는 등 사업을 확대하고 있다.

일본 사람들은 "손정의는 정보 혁명의 기수다!"라고 말한다.

멀리 바라보라

| 소프트뱅크, 스프린트 인수 (자료: 디지털타임스)

"배 앞을 보면 멀미가 나지만, 멀리 바라보면 바다는 넓고 잔잔하다."

손정의는 눈앞만 바라보지 말고 멀리 내다보는 슬기로운 사람이 되어야 큰일을 할 수 있다고 강조했다. 그는 자신의 40대를 이렇게 고백했다.

"나의 40대 초반은 무척 화려했다. 19세 때 계획한 '1조 엔, 2조 엔 규모의 큰 승부를 한다'는 목표를 조기 달성했으니까. 그때 많은 사람은 스무 살도 안 된 녀석이 1조 엔 꿈을 감히 말한다며 헛소리라고 여겼다. 그런데 내가 그 꿈을 이루어 내자 나를 헛소리하는 몽상가라고 여겼던 사람들도 고개를 끄덕이며 손뼉을 쳐 주었다."

그 뒤 줄기찬 성장을 거듭한 손정의 회장의 소프트뱅크는 1999년

에 10여 개 자회사와 120개 이상의 손자 회사를 거느린 대그룹이 됐
다. 앞을 향해 신나게 달리던 그에게 날벼락이 떨어졌다.

"야후를 비롯해 클릭 수가 세계 1, 4, 9, 12위인 사이트가 우리 소
유였다. 세계 인터넷 트래픽의 50%가 여기서 발생했다. 월간 컴
퓨터 잡지 《오! 컴퓨터 Oh! PC》를 매달 900만 부씩 찍어냈다. 한
창 주가가 오를 땐 재산이 일주일에 1조 원씩 불어나곤 했다. 그
해 〈타임〉과 〈뉴스위크〉는 각각 나를 '올해의 아시아 인물'로
뽑았다. 그런데 2000년 3월 하늘이 무너지는 엄청난 충격을 받
았다. '닷컴 버블'이 한순간에 꺼져버린 것이다."

소프트뱅크 주가가 폭락한 것이다. 무려 100분의 1로 토막이 나고
말았다. 그 바람에 재산 총액이 700억 달러에서 10억 달러 미만으로
폭삭 내려앉았다. IT 기업가들은 졸지에 범죄자 취급을 당했다. 애
플의 스티브 잡스, 야후의 제리양, 아마존의 제프 베조스 창업자들의
처지도 비슷했다. 손정의 회장은 그때의 착잡한 심정을 이렇게 회고
했다.

"불과 몇 달 전만 해도 돈이 너무 쏟아진다며 즐거운 비명을 올
렸을 정도였는데 정신 차리고 보니 어느새 빚이 재산보다 훨씬
더 많았다. 아차! 싶었지만 또 그럴수록 전투력이 치솟았다."

주가가 100분의 1로 토막 난 뒤에 주주 총회가 열렸다. 성난 주주
들의 불만이 말도 못 할 정도로 터져 나왔다. 마치 성난 사자와 같았
다. 주주 총회 날, 손정의는 회장 자리에 앉지 않았다. 주주들 앞에

서서 그들의 비난과 타박, 호소를 마음으로 듣고 가슴에 새겼다. 시간을 이유로 말을 끊지도 않았다. 모든 질문에 대한 답은 성실하게 했다.

여섯 시간 동안 계속된 주주 총회에서 단 한마디 변명도 하지 않았다. 주주들의 이야기를 듣기만 했다. 그야말로 입을 꼭 다문 채 경청만 할 수밖에 없었다. 만일에 입을 뻥끗한다면 돌멩이라도 날아올 것 같은 분위기였다. 이런 그의 모습을 본 주주들이 오히려 화를 가라앉히면서 감동하기 시작하였다. 그렇게 여섯 시간이 지나자 주주들의 표정이 한결 담담해졌다. 그때 누군가가 말을 했다.

"손정의 회장 개인의 잘못이 아니다. 세계적인 경제 한파를 강하게 얻어맞은 것이다. 다시 그를 믿고 기회를 주자."

그 말에 주주들의 분위가 조금 더 누그러지기 시작했다. 그 말에 용기를 얻은 손정의 회장은 주주들을 향해 이렇게 말했다.

"여러분의 이해와 용서에 감사를 드린다. 앞으로는 인터넷 사업에 올인하여 반드시 복구하겠다. 그 밖의 사업은 모두 정리하겠다. 전화 · 컴퓨터가 그랬듯이 창립한 지 5~6년 만에 흑자를 내는 신사업은 없다. 우리도 한동안 적자를 각오하면서 반드시 일어서겠다. 그리하여 반드시 성공하여 그 결과를 여러분에게 돌려 드리겠다."

그때 할머니 주주가 일어나 이렇게 말했다.

"나는 당신을 믿겠다! 남편 퇴직금을 몽땅 털어 소프트뱅크 주식을 샀어요. 그게 95% 하락해 1,000만 엔이 10만 엔이 돼버렸어. 절망스러웠는데 오늘 얘기를 듣고 보니 당신 꿈에 투자하길 잘했다는 생각이 드네요. 절대로 믿을게요! 부디 열심히 해주세요."

할머니 주주의 말에 주주들의 눈에 눈물이 맺혔다. 주주들은 박수로 손정의 회장을 다시 격려해 주었다.

"감사합니다! 할머니의 말씀과 그 고마운 마음, 그리고 여러분의 믿음을 절대 배신하지 않겠습니다. 반드시 성공하여 그 결과를 여러분에게 꼭 돌려 드리겠습니다."

손정의는 마음으로부터 우러나오는 감사의 뜻을 전하며 큰절을 올렸다. 주주들도 감동하며 지지를 밝혔다. 손정의는 이를 악물고 디지털 정보 혁명의 원대한 꿈을 버리지 않고 열정을 쏟아 그 약속을 지켰다. 2000년 봄의 버블 붕괴는 너무나 치명적이었다. 그렇더라도 인터넷은 결국 부활할 것이라는 믿음에는 변함이 없었다.

짚대 부자처럼 성공하라

사람들은 누구나 성공하기를 열망한다. 많은 사람이 "어떻게 하면 성공할 수 있을까?" 하고 생각한다. 성공은 어떤 분야에서 뛰어난 업적을 이룬 사람을 가리킨다. 그러나 성공하는 사람은 많지 않다.

일본에서는 성공의 모델은 '손정의'라고 말한다. 그는 IT 산업계에서 '신의 손'을 가진 인물로 여긴다. IT 업체들이 줄줄이 퇴장하는 일본 시장에서 그의 소프트뱅크만 초고속 성장을 하면서 승승장구 하였기 때문이다.

그렇다면 그런 상황 속에서 어떻게 하였기에 성공을 한 것일까? 그 열쇠는 바로 '짚대 부자의 기법'을 실천했기 때문이라고 말한다.

일본 사람들은 실현 가능한 일을 목표로 삼고 착실하게 실천해 차곡차곡 올라가는 습성이 강하다. 그러나 미국인들은 성과에 따라 보수가 올라가기 때문에 애당초 목표를 높고 크게 세워 추진한다. 미국에서 공부한 손정의가 바로 미국 스타일로 커다란 스케일로 사업 목표를 설정하고 소프트뱅크를 세워 엄청난 부자가 되었다 하여 '짚대 부자'에 빗대어 말하고 있는 것이다.

그런 연유는 손정의가 몹시 가난한 시절을 보냈지만, 아버지로부터 '너는 천재'라는 칭찬과 격려를 받으며 자랐고 미국 유학을 통해 미국인의 근성을 몸에 익히고 돌아와 사업을 전개하여 일본 최고의 갑부가 되었다는 것이다. 그 과정이 짚대 부자의 주인공과 닮았다는 이야기이다.

'짚대 부자'는 누구인가? 먼 옛날에 살았다는 전설의 인물이다. 일본 사람들은 '짚대 부자의 전설을 자녀들에게 들려준다. 그 줄거리는 이러하다.

짚대 부자 이야기

옛날 옛적에 어느 시골 마을에 가난하지만 마음씨 곱고 착한 젊은이가 살고 있었다. 그는 어느 날 절에 들어가 기도를 올렸다.

"관세음보살님! 저도 부자가 되어 멋진 집에서 살고 싶어요."

얼마 동안 간절하게 기도를 올린 뒤 자리에서 일어서다가 넘어졌다. 마침 짚대(짚의 줄기)가 보여 주워들고 가다가 우연히 등에(털북숭이 벌레)가 보이자 등에를 잡아 짚대에 매달았다.

그런데 그를 본 어린이가 등에를 갖고 싶다고 어머니에게 졸랐다. 어머니가 귤과 바꾸자고 사정하여 그렇게 하였다. 그 뒤 젊은이는 귤을 옷감과 바꾸고, 그 옷감을 망아지와 교환하고, 망아지를 주택과 바꾸면서 부자가 되었다는 이야기이다.

04 손정의 제국의 힘

불타는 기업가 정신

그는 스티브 잡스의 불타는 기업가 정신을 자신의 롤모델로 삼고 끊임없는 도전과 지칠 줄 모르는 승부욕을 키웠다. 그것이 오늘날 그를 세계 통신 제국의 꿈을 이루게 한 원동력이었다.

사실 그는 재일교포 3세로 온갖 차별과 멸시를 견뎌 내야 했던 불운한 청소년기를 거쳤다. 불고기 식당과 허드렛일 외에는 교포들에게 변변한 직업을 허락하지 않았던 일본 사회에서 수많은 갈등을 삭이고 자란 주인공이다.

사춘기 때는 정체성을 찾아 헤매었다. 방황하며 지낸 청소년기, 염세주의에 빠져 극단적인 고민에 잠긴 일도 있었다. 거기에 머물러 주저앉았다면 오늘의 슈퍼 갑부 손정의가 과연 있었을까?

"사람은 저마다 오래 살고자 한다. 그러나 얼마나 오래 사느냐는 인생에서 중요한 문제가 아니다. 하늘이 준 운명에 내 모든 것을 얼마나 깊게 불태웠느냐가 중요하다. 크게 두드리면 큰 답이 나올 것이고, 적게 두드리면 적은 답이 나올 것이다."

이 말은 료마의 인생관이다. 이 말에 손정의가 매료되었다. 그는 기회 있을 때마다 "한 번뿐인 인생을 료마처럼 살고 싶다."라고 입버릇처럼 외쳐 댔다.

소프트뱅크 손정의 회장은 "도전과 실패, 그리고 성공의 함수는 톱니바퀴"라고 말해 관심을 끌었다.

경기 불황이 장기화되고 있다. 실업률은 사상 최대에 다다랐으며, 직장에서 능력을 인정받지 못하면 언제 낙오자가 되어 밀려날지 모른다. 말 그대로 '총체적 위기'다. 하지만 소프트뱅크 손정의 회장의 생각은 다르다. 그는 위기와 기회가 다르지 않으며, 오히려 다른 사람들이 위기라고 말할 때 기회가 찾아온다고 생각한다.

공격적인 투자

실제로 손정의는 리스크를 기회로 만드는 최고의 전략가다. 2000년, 일본에서 IT 버블이 붕괴되었을 때, 모두 사업 규모를 축소하거나 매각하기에 바빴다. 소프트뱅크의 주가도 100분의 1로 떨어졌다. 그러나 손정의는 달랐다. 기존 사업들을 매각한 자금으로 새로운 통신 사업을 벌이고 대폭적인 투자를 감행했다. 불황의 시대에 상식과는 반대로 확대 균형 정책을 취한 것이다. 이렇게 시작된 통신 사업은 현재 소프트뱅크의 주력 사업으로 발돋움했다.

손정의가 이렇게 공격적인 투자를 할 수 있었던 건 '300년 지속 가능한 기업'을 만든다는 확고한 목표와 '반드시 성공할 수 있다'는 신념이 있었기 때문이다. 물론 손정의가 막무가내로 일을 추진하는 것은 아니다.

그는 확실한 비즈니스 플랜과 일의 순서를 정하는 방법, 필요한 능력을 습득하는 방법, 합리적으로 판단하는 방법 등 구체적인 매뉴얼을 가지고 업무를 진행한다. 현재 직장에 다니고 있거나 창업을 생각하는 사람이라면 반드시 알아야 할 업무 노하우다.

오늘날 소프트뱅크는 최고의 IT 기업으로 성장했다. 그리고 그 이면에는 위기를 기회로 만드는 손정의의 결단력과 생산성을 극대화시키는 효과적인 업무 능력이 있었다. 위기에 빠진 우리에게 손정의의 목소리가 더 깊은 울림으로 다가오는 이유다.

로봇 '페퍼'의 선풍

인간의 감정을 읽는 로봇 '페퍼'를 선보였다. 자체 알고리즘을 통해 사람의 표정과 목소리 톤, 제스처 등을 분석해 반응하는 로봇이다. 이 로봇을 출시해 새로운 시장을 만들겠다는 목표를 향해 힘차게 나아가고 있다.

손정의 회장의 시선은 역시 미국을 향하고 있다. IT 관계자와 미국 정부의 요인과 로비스트 등 500여 명 앞에서 연설을 했다.

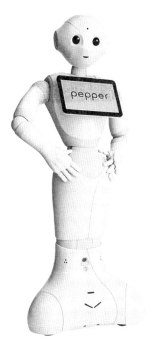

| 소프트뱅크 '페퍼'

"인터넷을 만든 것은 미국이지만, 모바일 브로드밴드는 한참 뒤처져 있다. 1860년대에는 철도 시대가 열리고, 1930년대 전기, 1950년대 고속도로, 1990년대 인터넷을 잇는 모바일 브로드밴드로 바뀌었다. 미국이 세계의 리더를 지속하기 위한 첫 번째 조건으로 모바일 브로드밴드의 혁신이 필요하다. 미국의 이동통신사 스프린트를 인수하고, 스마트폰 유통업체 브라이트스타를 사들인 배경이 바로 여기에 있다."

그의 연설을 들은 청중들이 감동한 것은 이런 시대적 변화의 흐름을 연설한 내용보다는 손정의 회장의 야심이 미국 관계자들에게 고스란히 전달되었기 때문이다.

손정의 회장의 지구촌 제1 기업의 꿈은 이제 일본열도를 넘어 미국 시장을 휩쓸고 지구촌 제1 기업의 꿈을 실현하는 것으로 치닫고 있다.

그는 IT 관계자, 정부 요인, 로비스트 등 500여 명 앞에서 "인터넷을 만든 것은 미국이지만, 모바일 브로드밴드는 한참 뒤처져 있다."라고 진단하였다.

미국이 세계의 리더 자리를 계속해서 지켜가기 위해서는 먼저 모바일 브로드밴드의 혁신부터 단행해야 한다고 강조했다.

이런 흐름에 발맞추어 미국의 이동통신사 스프린트를 인수하고, 스마트폰 유통업체 브라이트스타를 사들인 배경 설명도 털어놓았다. 그의 기업 정신은 현재에 머무는 것이 아니라 적어도 300년 앞까지를 내다본다는 것이었다.

이러한 손정의의 야심에 찬 이 연설을 통해 그의 사업 청사진이 미국 관계자들에게 고스란히 전달되면서 엄청난 파장을 몰고 왔다. 사람은 길어야 고작 100년 정도 사는데 300년 기업이라니 허풍이 너무 심하다는 말까지 나왔다.

손정의 회장은 2010년 창립 30주년을 맞이해 이런 말을 던졌다. 그는 "일본열도에서 30년 이상을 존속해 온 기업들을 조사해 보았더니 겨우 0.02%에 불과했다. 99.98%가 이미 사라졌다. 기업이 도산하지 않고 유지하는 것도 중요하지만 성장하고 발전해야 살아남는다는 것을 보여준 사례이다.

| 손정의와 일카 파나넨 기자회견 (자료: 조선비즈)

그가 천명한 300년 존속 기업의 비전은 핀란드로까지 번져 갔다. 핀란드의 국제적 모바일 게임 업체인 슈퍼셀의 일카 파나넨 대표도 지분 매각 협상을 위해 손정의 회장에게 손을 내밀었다.

하지만 그가 손정의와 처음 만나 소프트뱅크의 '300년 비전' 프로젝트를 처음에는 불가사의한 꿈이라고 여겼으나 알리바바의 상장 결실이 300년 기업을 일구는 또 하나의 새로운 성장 씨앗이 될 것이라는 손정의의 열정에 감명과 신뢰를 느꼈다고 실토한 일이 있다.

05 인터넷의 위력

IT 산업계의 리더

손정의 회장은 서울 하얏트호텔에서 열린 '소프트뱅크 벤처스 포럼 2014'에서 영상을 통해 기조연설을 하였다. 그때 세계 IT 산업계의 리더로 꼽히는 그에게 질문이 들어 왔다.

"손 회장의 국적은 어딘가?"

뜻밖의 질문이었다. 모국에서 그런 질문을 받을 것이라고는 생각조차도 하지 못했다. 그는 국적을 물은 사람의 질문에 담담하게 대답하였다.

"나의 국적은 일본도 아니고 한국도 아니다. 인터넷이 나의 국적이다. 인터넷 안에는 우리의 미래가 있다."

이 말 속에는 한국의 아들이지만 고국에서 생활한 경험이 전혀 없고, 일본에서 나고 자라 기업가로 성공했지만 재일교포 3세로서 모진 민족적 차별과 박해를 받아온 설움이 그대로 배어 있다. 그래서 나라도 국민도 없는 인터넷 세상을 국적이라고 대답했을까?

손정의는 2011년 서울에서 개최된 글로벌 그린(Global Green) 성장 정상회의 때, 후쿠시마 발전소 사고에 대해 아주 강도 높은 발언을 했다.

"일본은 범죄자가 되고 말았다."

미래의 포부는 미국의 야후(Yahoo)를 인수하겠다는 것이다. 일본 야후를 이미 산하에 거느렸으니 미국의 야후를 다스리겠다는 꿈도 품을 만하다. 그래서 멈추지 않고 지속되는 그의 행보가 관심이다. 이런 거상을 배출한 한국은 대단한 나라라는 자부심을 가졌으면 한다. 돈을 버는 사람들도, 벌려고 하는 사람들도 그의 철학, 인생관 그리고 실지 행보를 주목할 필요가 있다.

불가능한 계획은 없다!

소프트뱅크의 경영 방침은 "관심 가질 만한 정보를 뿌려라. 그리고 불가능한 계획은 없다는 신념을 가져라. 리스크를 안아야 꿈을 실현할 수 있다."라는 것을 강조하고 있다. 이것이 성공의 열쇠로 작용하고 있다. 적어도 50년 앞을 내다보는 계획이 하루 계획의 밑거름이 된다고 강조한다. 상대와의 경쟁에서 반드시 이긴다는 승부욕을 습관처럼 익혀 나간다.

손정의가 항상 자신만만한 이유가 바로 여기에 있는 것이다. 기업과 국가는 자신감 있는 인재를 원한다. 판매 경험이 쌓이면 영업 맨은 자신감을 갖고 더욱 적극적으로 나서게 된다. 그것이 바로 도전이며, 그런 도전은 매우 당연한 일이다. 머뭇거리지 말고 빨리 결정하라. 성공하는 사람은 도전을 즐긴다.

위기에 처하면 잘하는 분야에 주력하는 것이 손정의가 위기에서 탈출하는 방법이다. 그럴 때는 성공 요소를 찾아 집중적으로 투자한다. 앞을 보고 달리되 한 번쯤은 뒤를 돌아보는 것도 잊지 않는다. 뒤를 돌아다 본다는 것은 지나온 일을 점검하라는 말이다.

사업을 발전시키려면 새로운 사람을 만나라고 권유한다. 목표를 정한 다음에는 필요한 걸 찾아서 배워야 한다.

성공하지 못하는 이유는 주저하고, 전문가 이상의 지식을 얻지 않으며, 올라갈 산을 정하지 못하고, 사업의 롤모델을 정하지 못하고 있다는 것이다. 원대한 꿈을 설정하고 그 꿈을 이루기 위해 열심히 일하라. 그러면 일하는 자세가 달라지기 때문에 꿈을 이루지 못할 이유가 없다. 300년 미래를 생각하는 소프트뱅크는 절대 무모한 꿈을 꾸려는 것이 아니다.

결단의 방정식을 세우고 경쟁자와 싸워라. 그렇게 하면 싸우기 전에 이미 경쟁에서 이기는 것과 다름없다. 다만 첫 번째 선택이 중요하다. 벤처기업에서 성공하기는 매우 어렵다. 무에서 유를 창조하는 일은 더욱 어렵다.

사업을 진행하는 데는 세 가지의 기준이 있다. 그것은 어떤 사업이든 성공 확률이 낮다는 점, 사서 고생하는 용기가 필요하다는 점, 어려서부터 배워야 한다는 점이다. 이러한 자세로 사업을 하면 성공하지 못할 사람이 없다.

그는 확실한 비즈니스 플랜과 일의 순서를 정하는 방법, 필요한 능력을 습득하는 방법, 합리적으로 판단하는 방법 등 구체적인 매뉴얼을 가지고 업무를 진행한다. 현재 직장에 다니고 있거나 창업을 생각하는 사람이라면 반드시 알아야 할 업무 노하우나.

위기를 기회로 만드는 손정의의 결단력과 생산성을 극대화시키는 비결이 오늘날 소프트뱅크를 최고의 IT 기업으로 성장시킨 원동력이다.

06 일본 학생들의 우상

재일교포 사회에 새바람

일본에서는 재일교포에 대한 민족적 차별이 과거보다 많이 좋아졌지만 여전히 부정적인 시선들이 다수 존재하고 있다.

그러나 일본 톱 모델 야노 시호의 남편이자 귀염둥이 사랑이의 아버지인 격투기 선수 추성훈을 비롯하여 성공한 인물들이 재일교포라고 알려지면서 재일교포들의 위상이 점점 커지고 있는 현실이다.

하지만 재일교포로서 일본에서 가장 성공한 사람은 역시 손정의이다. 그는 일본 최고의 갑부이고, 특히 자수성가의 대표적 인물로 꼽히면서 그의 위상이 더욱 높아졌다. 손정의는 일본 최대 인터넷 재벌을 일군 입지전적 인물로 유명하다.

그가 미국 유학 시절에 개발한 음성인식 번역기는 일본에서 최초로 계산기를 개발한 기업인 샤프의 눈에 띄었고, 손정의는 높은 금액을 받고 자신의 발명품을 팔았다. 이 음성인식 번역기는 샤프의 대표 상품 중 하나인 전자수첩의 원형이 되었다.

그는 1981년 PC용 소프트웨어 회사를 설립했다. 이것이 손정의의 성공 신화를 써낸 소프트뱅크의 시작이다. 포털 사이트 야후 재팬 운영 등으로 사업 기반을 마련해 큰돈을 번 뒤, 공격적인 정보기술(IT) 분야 투자로 약 1,300여 개의 자회사를 거느리면서 소프트뱅크를 일본에서는 최대 IT 그룹으로 성장시키는 데 성공하였다.

경영 처세술과 성공 신화의 주인공 손정의는 지금 일본의 초중고 학생들의 우상인 동시에 대학생과 신입사원들이 가장 존경하는 기업인으로 꼽고 있다.

거인으로 존경

"손정의처럼 생각하고 그를 닮아라!"

지금 일본의 청소년들은 물론 대학생들까지 이 말에 열광하고 있다. 이 말을 처음 외쳐 공전의 대 유행어로 만든 사람은 미키 타케노부다.

소프트뱅크 손정의 사장실장을 지낸 미키 타케노부가 손정의 회장의 최측근으로 근무할 때에 손정의식 사고방식, 결단의 방법, 실전 업무술 등 회장으로부터 듣고 보고 배운 것들을 정리하여 《왜 나는 기회에 집중하는가?》에 담아 놓았다.

그는 누구인가? 1972년 후쿠오카현에서 태어나 일본 최고의 명문 도쿄대학교 경제학부를 졸업하고 1998년 26세 나이로 소프트뱅크에 입사하여 손정의 사장 수행비서로 근무하였다.

그는 손정의의 동생 손태장과 중·고등학교 동창이다. 중학교 시절 손태장을 통해 손정의의 존재를 처음으로 알게 된 그는 늘 손정의처럼 도전적인 경영자가 되겠다는 꿈을 안고 공부하였다.

대학 졸업 후 소프트뱅크에 입사하여 사장 수행비서가 된 그는 손정의의 일거수일투족을 곁에서 지켜보면서 꼼꼼히 관찰하며 손정의처럼 생각하고 행동하려고 노력했다.

그는 소프트뱅크 일급 참모들을 대신해 모든 사업 계획을 직접 손정의에게 브리핑했다. 8년 동안 소프트뱅크에서 일하며 사장실장(비서실장), 관리본부장, 서비스 기획본부장, 품질관리본부장 등 요직을 두루 역임했다. 그런 연유로 해서 미키 타케노부는 일본에서는 손정의의 생각을 가장 정확하게 꿰뚫고 이해하는 사람이라는 평가를 받는다.

그 뒤 2006년 독립하여 프로젝트 매니저로 변신해 브로드밴드 사업, 나스닥 재팬 설립, 은행 인수 등을 주도했다.

현재 사회 발전 프로젝트를 수행하는 재팬 플래그십 프로젝트 주식회사의 대표이사를 맡고 있으며, 일본연금기구 비상근 이사와 후생노동성 시스템 개발위원, 원자력재해대책본부 어드바이저 직을 함께 수행하고 있다.

다양한 활동을 펴는 그가 젊은 시절 '손정의 사장실장'으로 있으면서 거인(巨人) 손정의의 인간성과 기업가적 열정을 지켜본 끝에 그의 성공 스토리를 엮으면서 "손정의처럼 생각하고 그를 닮아라!"라고 외친 것이다. 이 말이 대 유행어가 되면서 청소년들의 우상이 되었고, 사회 진출을 눈앞에 둔 대학생을 열광시키고 있는 것이다.

손정의는 원대한 꿈을 지닌 사람, 그 꿈을 현실로 만드는 힘을 가진 사람으로 널리 알려져 있다. 그가 강조한 말 가운데서도 눈길을 끄는 덕목은 인간이 살아가는 방법을 밝힌 내용이다.

"리스크(위험 요소) 없는 인생은 없다. 일에 관심을 기울여라. 불가능한 계획은 없다. 이기는 습관을 익혀라. 기업과 국가는 자신감 있는 인재를 원한다. 누구나 경험을 쌓으면 일에 자신감을 갖는다. 도전은 당연한 일이다. 일은 되도록 빨리 결정하라. 원대한 꿈을 위해 일하는 사람은 아름답다."

이와 더불어 그가 밝힌 '결단의 방정식'은 너무나 기발하다.

"싸우기 전에 이기는 전법을 익혀라. 첫 번째 선택이 중요하다. 무에서 유를 창조하는 일은 어렵다. 포기는 성공을 위한 차기 포석이다. 확실한 비즈니스 플랜이 있으면 돈은 알아서 따라온다. 시중 자금은 유망한 투자 대상을 찾고 있다. 사업을 진행하는 데에 반드시 따라오는 세 가지 요소가 있다. 그건 첫째 어떤 사업이든 성공 확률은 낮다. 둘째 사서 고생하는 용기가 필요하다. 셋째 어려서부터 배워라."

07 투철한 실천가

1세기 만에 나타난 인물

손정의는 일본 사회에서 1세기 만의 단 한 명 나타날 정도의 인물이며, 경영의 귀재라는 칭송을 듣고 있다. 그런 칭송을 듣는 이유는 무엇일까?

분명한 목표와 투철한 실천력이 바탕이다. 일본 경제계에서는 그가 성공할 수밖에 없었던 이유 5가지를 꼽는다. 첫째 탁월한 동기부여 능력, 둘째 놀라운 업무 속도, 셋째 타고난 승부욕, 넷째 상생의 정신, 다섯째 엄청난 독서이다. 이를 좀 더 구체적으로 보자.

첫째, 탁월한 동기부여 능력은 정말 놀랍다. 스스로 목표를 정해서 그 목표를 이루기 위해서 노력하고 인내했다. 명문 고등학교에 입학하겠다는 목표를 세워서 열심히 공부했고 원하는 고등학교에 갔다.

미국 유학이라는 목표를 세우고 뜻을 이뤘다. 사업에 대한 목표를 정해서 성공했다. 그는 끊임없이 목표를 세우고 그 목표를 이루기 위해서 계획을 세웠으며 실행해 나갔다. 이렇듯 스스로에게 동기부여를 해서 자신의 능력을 꾸준히 발전시켜 나갔다.

둘째, 놀라운 업무 속도는 타고난 천성이다. 미국 유학을 결심한 후 가족들의 반대를 무릅쓰고 6개월 만에 미국으로 떠날 수 있는 것은 남들보다 빨리 앞서가려는 생각 때문이다. 유학 3주 만에 따낸 대입 검정고시 자격도 속도전 때문이었다.

8개였던 관련 회사를 750여 개로 만든 것도 속도에 얼마나 집착하는지를 보여 주는 대목이다. 무엇인가를 결정하기까지는 많은 고민과 계산을 하지만, 한번 결정하면 모든 속력으로 달려갔다. 이러한 속도전 덕분에 소프트뱅크는 속도가 생명인 인터넷 세계에서 앞서 갔다.

셋째, 타고난 승부욕은 최대의 장점이다. 750여 개의 기업을 거느리는 동안 모두 성공하기를 바라지 않았다. 그러기 위해서는 위험을 감수할 줄 아는 승부사적인 기질이 필요하다.

빌 게이츠의 격려

빌 게이츠가 그의 첫 번째 책 《미래로 가는 길》을 손정의에게 선물할 때 '당신도 나와 같은 승부사'라는 말을 적어서 보냈다. 적장의 목을 베는 병사에게 성 하나를 포상하겠다는 그의 논리는 전형적인 승부사의 대담함이다.

기업의 소유주이자 사장인 손정의는 좀 더 과감한 모험을 선택할 수 있고 이는 소프트 뱅크의 자랑이라고 생각했다. 그렇다고 무책임하게 모험을 즐기는 것은 아니다. 컴덱스를 인수할 때 비용 대비 효과에 대한 시뮬레이션을 2만 페이지에 걸쳐서 연구하는 놀라움을 보여 주었다.

넷째, 상생의 정신은 꼭 필요한 항목이다. 재일교포 3세로서 많은 질투와 질시에 개의치 않은 채 상생의 정신을 펼침으로써 많은 지지자를 끌어모았고, 절대 적을 만들지 않고 다 같이 잘사는 방법과 비전을 제시한 덕에 많은 협력자를 얻었다.

한 번도 적대적 인수 합병을 한 적도 없다는 것을 가장 자랑스럽게 생각한다. 초고속 인터넷 인프라 구축이 주요 사업 분야인데 수도와 도로처럼 인간에게 가장 필요한 요소임을 강조하여 인정을 받았다.

다섯째, 엄청난 독서량에 모두가 감동한다. 출판업으로 성공한 사람답게 많은 책을 읽으며 책에서 창조적인 영감을 얻고자 노력했다. 그는 지금 새로운 미래 계획을 착착 진행하고 있다. 정보화 시대의 인프라 구축이라는 중요 핵심 사업 분야에서 미디어 콘텐츠 쪽으로 집중하고 있는데, 그 계획들 대부분이 한국과 연결되어 있어 흥미롭다.

라그나로크를 4,000억 원의 거금으로 인수했고, 한류스타 배용준과 함께 130억 원을 들여서 오토윈테크를 공동 인수했다. 이는 드라마와 영화를 아우르는 미디어 콘텐츠 사업을 진행하기 위해서다.

오마이뉴스에도 100억 원을 투자했다. 한국 문화 콘텐츠와 관련된 사업 투자를 약속했다. 이런 흐름은 디지털 리더들의 행보와는 유사하다. 이미 빌 게이츠, 스티브 잡스, 마이클 델이 미디어 엔터테인먼트 시장에 진출했다. 손정의도 그런 흐름에 따라가는 모습이라 매우 자연스럽다는 것이다.

08 아이디어 뱅크

기상천외의 생각

"오늘부터 하루에 한 가지씩 발명한다!"

기상천외한 발상도 '이것이다' 싶으면 무작정 돌진하는 사람이다. 자신의 계획을 실현하기 위해 행동을 개시했다. 손정의는 대학생 시절에 새로운 발상을 '아이디어 뱅크'라는 발명 노트에 기록했다. 무려 250개 이상의 발명품이 영어로 상세하게 기록되어 있다.

발명 과정에는 크게 세 가지가 있음을 깨달았다. 첫째 문제를 해결하는 방법, 둘째 수평적 사고에 의한 발명, 곧 역발상이다. 셋째 서로 다른 요소를 조합하는 방법이다. 새롭게 창조하기보다는 기존에 있는 발명품을 합치는 것이다.

대학 3학년 때 다른 학생들이 상상도 못 하는 계획을 세웠다. 바로

'인생 50년 계획'이다. 어떤 일이 있어도 반드시 20대에 사업을 일으키고 이름을 떨친다. 이것만이라면 다른 많은 젊은이와 비슷한 야망을 품었다고 볼 수 있을지 모른다.

영어 단어장에 생각나는 대로 단어를 적었다. 예를 들면 사과, 열쇠, 메모리 등의 명사를 카드에 적는다. 카드가 100장 완성되면 트럼프처럼 젖히고 그중에서 세 장을 뽑아낸다. 세 개의 단어를 조합하면 새로운 상품이 탄생할 가능성이 그만큼 생긴다.

혼자서 모든 일을 하는 것보다는 각 분야의 일인자를 불러 모으는 것이 훨씬 효율적이다. 사람에게 주어진 시간은 한정적이다. 그 시간을 빈틈없이 활용해야 한다. 결코 주저하지 말자. 결심한 것은 곧바로 행동에 옮긴다.

집중력을 가져라

어떤 일에 집중하면 다른 일은 모두 잊어버린다. 공부할 때의 집중력은 대단했다. 집중력은 남들과는 차원이 달랐다. 교섭에 관한 독자적인 전략이 뛰어났다. 대기업을 상대로 교섭하면서 자기 사업을 추진하는 것은 무척 힘들고 불안하기도 했다.

한 번 일을 시작하면 과감히 돌진하지만, 시작하기까지는 세심한 검토를 거치는 스타일이었다. 상대방은 과연 어떤 질문을 할 것인가. 처음부터 상대해 주지 않는다면 어떻게 설득할 것인가. 예상되는 모든 상황에 대비해 철저한 대책을 세웠다.

대학생이지만 제대로 된 경영 철학을 지녔다. 외모는 어리게 보였지만, 내면에 담긴 강렬한 의지만큼은 확실히 남달랐다. 그에게서는 요즘 젊은이들한테서 좀처럼 볼 수 없는 착실함이 묻어났다. 꿈을 가지는 것이야말로 신제품 개발의 첫걸음이다. 꿈을 향해 돌진하는 사나이였다.

꿈을 가진 승부사였다. 꿈은 누구나 가지고 있지만 그 꿈을 실현하는 데는 남다른 재능과 집념이 필요하다. 어떤 위험이 도사리고 있어도 도전하는 자세는 이미 버클리대학교 학생 시절부터 싹이 텄다.

빠르게 행동하는 스타일이다. 비즈니스에 있어서 '시간은 곧 돈'이라는 예리한 사고를 지녔다. 뛰어난 사업가가 되기 위해서는 늘 명쾌하고도 냉정한 계산이 필요했다.

남들과 다른 특별한 능력 두 가지 있다고 그는 말한다. 하나는 문제의 본질을 꿰뚫어 보는 능력이다. 재빨리 본질을 파악해서 최대한 신속하게 대처한다. 또 하나는 믿을 수 없을 정도로 열심히 일한다는 것이다. 열심히 일하는 사람은 많지만, 다른 사람들과의 차이점은 자신이 하는 일을 끊임없이 새로운 관점에서 바라본다.

한 번 시작하면 끝장을 본다는 것이 손정의의 방식이다. 평범한 학생이라면 휴학하면서까지 사업을 벌일 생각은 하지 못했을 것이다. 학생 사업가로서 놀라운 실적을 올렸지만, 학교 성적 또한 뛰어났다. 휴학하는 동안에도 공부를 게을리하지 않았다.

04

개척의 리더

01 시대를 앞서가는 정신

의지를 품어라

손정의는 항상 시대에 앞서가는 사람이다. 그가 움직이는 자리에는 늘 새로운 바람이 불었다. 그 바람은 또 다른 바람을 불러오면서 새로운 혁명의 물결을 일으켰다. 많은 사람이 앞서가는 그의 시대정신에 놀라움을 나타내면서 감동한다. 그가 주변 사람들에게 평소에 강조한 말이 많고, 또 자신과 관련되는 말도 많이 하였다. 그 가운데 몇 가지 말은 특히 관심을 끌고 있다.

앞으로는 사회적 영향력이 있는 사람이 평소에 차를 즐기는 시대가 되어야 한다. 해외에서 활약하는 비즈니스맨들이야말로 다도(茶道)를 접해야 한다고 생각한다.

의지와 야망은 둘이 아니라 하나다. 결국, 같은 뜻이라는 말이다. 의지와 야망이 없으면 비전도 없다. 비전이 없으면 갈팡질팡 우왕좌

왕한다. 의지는 얄팍한 이해 타산적 행동을 초월하는 큰 힘을 나타
낸다. 자기가 추구하는 일이 옳고 분명하게 있다면 다른 사람이 무
슨 말을 하든 개념하지 말고 밀고 나아가라. 참고 견디는 동안 신념
이 굳어지고 인격이 함양되고, 그 인격으로 많은 사람을 감동시키게
된다.

정의롭게 행동하라

고생을 이겨내지 못하면 성장을 이룩할 수 없다. 고생을 결코 피
하지 말며, 어떠한 고난에도 자신의 뜻을 굽히지 말라. 한 번밖에 없
는 인생이다. 남의 눈치를 살피며 그저 우왕좌왕하는 인생은 자신을
허비하는 것이다.

매일 아침 눈 뜨는 일은 즐거움이다. 새로운 꿈을 펼 수 있기 때문
이다. 날마다 해야 할 일이 생긴다. 모두를 깜짝 놀라게 하는 일을 하
라. 보물상자의 뚜껑을 여는 사람이 되라. 부정적인 상황을 어떻게
든 긍정적으로 바꾸어라. 이는 삶에서 끊임없이 관철되어 온 철학 그
자체이기도 하다.

"나에게 사업이란 도로나 전기에 해당되는 사회의 인프라를 만
드는 것이며, 사회의 구조를 바꾸는 것이다. 이것은 삶의 보람
이자 기쁨이고 가슴 뛰는 일이다. 최첨단의 획기적인 사업을 벌
이면서 얻는 즐거움은 그 어떤 것과도 바꿀 수 없을 만큼 소중
하다."

진정한 선장은 모든 사람과 의견을 나누며 항로를 혼자 정하지 않는다. 만약 배가 침몰할지도 모르는 상황이 닥치면 선원을 몇 대 쥐어박을 수도 있다. 말을 듣지 않는 사람에게는 '너 같은 녀석은 바다로 뛰어내려!'라고 소리칠 수도 있다. 하지만 무슨 일이 있어도 배에 탄 승객들이 무사히 육지에 내릴 수 있도록 하는 것이 선장의 책임이다.

거대한 종합 계획에 따라 시스템을 완성시키기 위해서는 자기가 한 말을 행동으로 반드시 옮기는 의지와 철학이 필요하다. 포부와 비전, 그리고 전략 이 세 가지가 가장 중요하다. 그렇다면 승리를 확정 지을 수 있는 결정적 시기는 과연 언제일까?

우선 하나씩 차근차근 쌓아 가야 한다. 어느 한 순간 집중하는 것이 아니다. 천 리 길도 한 걸음부터 시작된다. 그러니까 한 단계씩 착실히 성장해 나가는 길밖에 없다. 여러 방면에서 승리를 거둘 수 있을 때까지 노력하라. 방심은 절대 금물이다.

사람은 지혜롭기만 해서는 안 된다. 미련하다는 소리를 들을 정도로 한 우물을 팔 줄 아는 근성이 없으면 큰 인물이 될 수 없다. 도중에 어떤 난관이 있더라도 상관없다. 안전하게 목적지에 도달하면 된다. 진정한 리더라면 단번에 사람들을 휘어잡을 수 있는 힘이 있어야 한다. 부드럽기만 한 사람은 리더가 되기 어렵다. 인기에 연연하는 리더십은 아무 소용도 없다.

가난하다는 것은 생활이 불편한 게 아니다. 스스로 가난하다는 생각조차 하지 못하게 되는 것이야말로 진짜 가난이다.

02 천하를 손에 넣어라

화가의 꿈 접고

"반드시 천하를 내 손안에 넣겠다!"

계획을 세우는 일은 누구나 할 수 있다. 하지만 계획한 일을 반드시 이루고야 마는 실행력이 문제다. 손정의는 자신과 관련한 지난날의 이야기를 하면서 미래를 향한 비전도 제시했다.

"사실 나는 공부에 별 관심이 없는 아이였다. 공부보다는 조립이나 그림 그리는 것을 좋아했다. 한때는 초등학교 교사나 화가가 되고 싶었다."

그런데 아버지는 내가 창의력이 풍부하다며 늘 침이 마르도록 칭찬했다.

"너를 보면 천재라는 생각이 든다. 너는 일본에서 최고가 되고, 반드시 위대한 인물이 될 거야."

아버지는 기회가 있을 때마다 이렇게 말했다. 그래서인지 나는 마음만 먹으면 뭐든지 할 수 있다는 생각이 들었다. 남들보다 훨씬 뛰어난 일을 할 수 있다고 생각했다.

"나는 정말 천재인가?"

정말로 천재인지도 모른다는 착각에 빠졌다. 아무리 아버지라 해도 지킬 것은 자신과 똑같이 지켜야 했다. 자식이니까 혹은 부모니까라는 변명은 통하지 않았다. 아버지의 눈에는 아들의 얼굴이 마치 거대한 바위처럼 비쳤나 보다.

"이 아이는 정말 하늘이 나에게 맡긴 아이인지도 모른다고 말이야."

그래서 사회를 위해서 큰일을 해야 한다. 일본에서는 최고가 되고, 반드시 위대한 인물이 될 것이라고 생각했는지 모른다. 선생님을 상대로 자신의 생각을 당당하게 주장할 수 있는 학생은 별로 많지 않다. 그러나 손정의는 당당했다. 특히 미국 유학에서 월반을 거듭한 일, 대학입시 자격 검정고시를 치를 때에 그랬다.

손정의는 오다 노부나가를 가장 존경했고, 사카모토 료마를 가장 좋아한다고 밝혔다. 존경하는 인물과 좋아하는 인물의 개념은 다르다고 말했다. 존경하는 인물과 좋아하는 인물이란 자기로서는 그렇게 되기가 어려운 인물이고, 좋아하는 인물이란 어딘가 결점은 있지만 무척 인간적이고 친밀감이 느껴지는 인물이며, 그와 같은 사람이 될 수 있다는 자신감을 뜻한다고 그는 스스로 설명했다.

"한 번밖에 없는 인생이니 후회하고 싶지 않다. 과감하게 일을 벌이는 쪽이 훨씬 재미있다. 인생의 막을 내릴 때 '아! 내 삶은 참으로 보람된 삶이었다'고 느낄 수 있는 그런 삶을 살고 싶다."라고 강조했다.

인생은 짧다. 젊었을 때 과감하게 결단을 내리지 않으면 어느덧 세월에 휩쓸려 버리고 말 것이다. 어차피 한 번뿐인 인생 내 꿈을 마음껏 펼쳐 봐야지 하는 생각이 무척 강하다.

어린 시절 손정의에게는 자신이 꼭 가야만 하는 길이 있었다. 미국 유학의 길이 그 하나였고, 사업 목표를 달성하는 길이 그다음이다. 두 갈래 길 모두 뜻을 이루었다.

커다란 위업을 달성하기 위해서는 때로는 주위 사람들을 울리게 되는 경우도 있다. 가족들에게는 반드시 은혜를 갚아라. 지금은 새로운 세계를 향해 과감하게 돌진해야 할 때다. 기왕이면 인류 역사에 남을 만한 위업을 달성하고 싶다.

신념을 지녀라

다른 사람들과 같은 일을 하는 정도로는 결코 역사에 이름을 남길 수 없다. 자기 자신에게 변명하는 것을 가장 싫어했다. 자신의 신념을 관철시켜 꿈을 이루겠다는 약속을 했고 그 꿈을 이루어 냈다. 손정의의 미국 고교 동창들은 이런 말을 전했다.

"비록 정식으로 졸업하지는 않았지만, 우리들은 손정의가 잠시나마 우리 학교를 다녔다는 사실을 자랑스럽게 여긴다."

살다 보면 뜻하지 않은 만남이 있고, 하나의 행운이 필연적으로 또 다른 행운을 불러오기도 한다. 제대로 한번 공부해 보자는 의지를 불태웠다. 책상 위에 공부에 필요한 갖가지 물건을 쌓아 올리고는 세 군데에서 형광등이 비추도록 꾸몄다.

식사를 할 때도 목욕을 할 때도 공부했다. 욕조에 몸을 담그면서도 교과서에서 눈을 떼지 않았다. 운전을 할 때도 강연을 녹음한 테이프를 헤드폰으로 들었다. 조금이라도 차가 막히면 즉시 책을 펼쳤고, 어떤 때는 책을 핸들 위에 놓고 한 손으로 운전하기도 했다. 자신의 모든 열정을 오로지 공부에 쏟았다.

컴퓨터라는 미지의 세계에 흠뻑 빠졌던 손정의는 다른 사람의 눈에 띌 수밖에 없었다. 그의 눈은 늘 반짝반짝 빛났다. 배운 것은 실천했을 때 비로소 빛을 발한다는 신념을 가졌다.

"학생들에게 안전하고 영양가 있는 야식을 제공하기 위해 이곳을 빌리고 싶습니다."

대학교 사무국에 요청해서 허락을 받아 냈다. 전단지를 만들어 뿌리고 만반의 준비를 다 갖추었다. 학생 둘을 고용해 하루에 두 시간만 영업하도록 했다. 학생들의 입맛에 맞는 싸고 맛있는 야식에 관한 소문은 학생들의 입을 통해 금방 퍼져 나갔다.

공부 역시 사업에 도움이 되지 않는다면 의미가 없었다. 발명을 해서 특허를 따는 것이다. '경영의 신'이라 불리던 마쓰시타 고노스케는 허름한 공장에서 사업을 시작했지만, 그가 발명한 자전거 전등은 뒷날 그를 세계적인 전기왕으로 만들어 주었다.

03 미래의 영웅이 되라

변화는 찬스다

"변화는 곧 기회이다! 미래의 영웅이 되라!"

이런 질문을 항상 스스로에게 던지는 일을 멈추지 말아야 한다는 것이 그의 신념이자 미래를 향한 메시지이다. 그는 한국에서 꿈을 키워 나가고 있는 많은 사람에게 자신과 소프트뱅크가 큰 도움이 될 수 있기를 염원하고 있다.

"나는 여러분들이 미래의 영웅이 되기를 바란다."

미래의 영웅이 되기 위해서 스스로를 채찍질하고 그 과정을 통해서 소프트뱅크가 지원할 수 있는 모든 것을 아낌없이 지도하여 모두가 미래의 영웅이 되기를 바란다는 것이다. 뛰어난 아이디어가 있다면, 그리고 강한 열정이 있다면 주저하지 말고 우리에게 다가오라고 말한다.

"여러분과 함께할 때 나 역시 성장할 수 있다. 언제나 기억해야 하는 것은, 기회는 모두에게 열려 있다는 점이다."

손정의 소프트뱅크 회장은 미래의 꿈을 계속해서 키워 가는 일에 주력하고 있다.

"새로운 시장을 만들자."

이는 소프트뱅크의 슬로건이다. 야구 타격 7관왕이라는 기록을 가진 이대호 선수가 일본 프로야구 소프트뱅크 호크스의 유니폼을 입고 활동하고 있다. 소프트뱅크는 우리에게 매우 친숙한 일본 기업인데 이는 한국계 일본인인 손정의 회장의 덕분이다.

소프트웨어 유통과 이동통신 사업을 하며 일본에서 손꼽히는 최고 기업이 된 소프트뱅크는 일본 포털사이트 1위인 야후 재팬의 최대 주주이기도 하다. 확실한 비전을 가지고 새로운 시장을 만들어 가는 손정의 회장의 성공 가도를 따라가 보는 일은 흥미진진한 일이다.

"10대 때에 확실한 계획을 세워라!"

손정의 소프트뱅크 회장은 고등학생 시절에 이미 세계적인 기업가의 꿈을 키웠다. 그 꿈은 인생 50년 계획으로 시작되었다. 이처럼 장기적이고 체계적인 꿈을 분명하게 설정하고 글로 적어 놓았다.

그리고 수시로 들여다보며 꼭 이루고야 말겠다는 신념을 가지고 원대한 꿈을 실행으로 옮겨가고 있다. 아무리 좋은 계획도 실천하지 않으면 허망한 꿈으로 사라지고 만다. 생각을 실천하는 의지력이 중요하다.

그는 학생 시절에 패스트푸드 체인점인 맥도날드의 일본 시장을 찾아간 일이 있다. 맥도날드의 탄생과 성장 스토리, 특히 미국의 사업 환경을 듣기 위해서다. 그렇게 해서 미국 사회의 사업 환경에 대한 최소한의 이야기를 들었다.

그리고는 미국 유학을 결심하였고, 방학 때 바로 미국 연수를 떠났다. 연수를 다녀와서는 다니던 학교를 자퇴하고 미국 유학길에 올랐다.

후계자 양성에 주력

그는 확고한 기업 이념 아래 자신의 목표대로 사업을 일으키고 완성해 가고 있다. 세계적인 기업들이 그렇듯 손정의 회장 역시 이미 자신의 후계자를 양성하는 데 심혈을 기울이고 있다. 2010년에 개교한 '소프트뱅크 아카데미아'는 손정의 회장의 후계자 양성 프로젝트를 위한 훈련교육기관으로, 그가 60대에 은퇴하기 전에 후계자를 양성하겠다며 세운 것이다. 그는 강조했다.

"소프트뱅크에서도 다음 시대를 짊어질 통치자, 즉 경영자를 키우는데 정성을 기울이고 있다. 그래서 전문학교를 만들었다. 그 학교가 바로 소프트뱅크 아카데미아이다. 한마디로 저의 후계자를 육성하기 위한 소프트뱅크 사관학교이다. 이것은 사업부장 같은 리더를 키우기 위한 것으로서, 일반 회사에서 시행하는 사원 교육 프로그램과는 성격이 다르다. 사원 교육 프로그램은 소프트뱅크에도 많이 있다. 소프트뱅크 아카데미아는 최초로 후계자 양성을 목표로 한 전문학교이다."

300명의 수강생을 모아 운영하는데 270명은 소프트뱅크 직원 2만 1,885명 중에서 선정하고, 나머지 30명은 외부에서 선발하여 매주 수요일 오후 5시부터 평균 5시간에 걸쳐 손 회장이 직접 교육을 담당하고 있다.

이들은 교육을 통해 회장의 위치에서 의사 결정을 하는 훈련을 받고 있는 것이다. 이 프로젝트의 핵심은 후계자

| 소프트뱅크 아카데미아 최초 한국인 합격자 고승재 에듀플렉스 대표 (자료: 매일경제)

를 약 10여 년의 시간을 두고 키우는 데 있다. 하지만 장기적으로 본다면 소프트뱅크의 미래를 이끌어 나갈 리더들을 키우는 셈이다.

30년 후에는 5,000개 계열사를 거느리겠다는 원대한 목표를 설정하고 있는 소프트뱅크로서는 지금의 수강생 모두가 차세대 리더, 단위 회사의 책임자들이라고 보고 있다.

손 회장이 장기 프로젝트를 진행하는 이유는 자신이 가진 노하우와 지식을 단기간에 전달할 수 없다는 판단 때문이다. CEO가 내려야할 의사 결정력과 판단력은 단기간에 쌓을 수 없다는 것이 그의

생각이다.

300명의 직원들은 손 회장을 곁에서 보면서 그의 일거수일투족은 물론 생각하는 방법까지 눈여겨보면서 익히고 있다. 제2의 손정의를 300명이나 키워낸다는 발상이니 얼마나 통 큰 생각인가? 모두가 혀를 내두르며 놀라워할 뿐이다.

지금 소프트뱅크 아카데미아에서는 손 회장이 창안한 '제곱병법'을 가장 잘 소화할 인재들을 길러내고 그 가운데서 가장 우수한 사람을 소프트뱅크의 후계자로 선정하려는 프로젝트를 구상하고 있다.

"내 꿈은 내가 태어나기 전보다 조금 더 나은 세상을 만드는 것, 정보 혁명으로 인간을 더 행복하게 만들고자 하는 것이 나의 꿈이다."

이러한 손정의의 소박한 꿈을 전승해갈 꿈나무들이 소프트뱅크 아카데미아에서 지금 쑥쑥 커 나가고 있다.

04 뜻을 더 높게!

거대한 꿈을 가져라

"열여섯 살의 큰 꿈을 품다!"

일본 IT 산업의 신화 손정의 소프트뱅크 회장의 도전 40년은 '뜻을 높게'라는 슬로건 아래 진행되었다. 손정의 회장은 일본의 최고 정보통신기술 그룹인 소프트뱅크를 이끌고 있다. 그는 일본에서 'IT 업계의 사카모토 료마(坂本龍馬)'로 불린다. 료마는 19세기 신사상 신문물의 물꼬를 열면서 메이지(明治) 유신의 초석을 놓은 일본 근대화의 영웅이다.

손정의 회장은 그를 사업의 모델로 삼고 정보통신 기술 사업을 전개하여 일본에 디지털 혁명의 불을 지폈다. 그는 창업을 준비하는 젊은이들에게 이렇게 당부했다.

"내 거대한 꿈과 무모한 도전은 모두 료마에게서 배운 것이다.

그건 바로 지고(志高), 곧 '뜻(志)을 높게!' 세우고 도전하라는 것이다."

손정의는 지난 과거를 이렇게 털어놓은 적이 있다.

"내 나이 열여섯 살 때 한 남자를 만났다. 그 남자는 내 인생의 좌표가 된 인물 사카모토 료마다. 어느 날, 과외 선생님이 생소한 작품 한 편을 권해 줬다. 시바 료타로(司馬遼太郞)가 쓴《료마가 간다》라는 역사소설 책이었다. 나는 그 책을 보면서 정신이 번쩍 났다.

소설의 주인공 사카모토 료마는 최하급 무사로 태어났으나 강력한 의지와 비전으로 일본 근대화를 이끈 개혁가이자 탁월한 비즈니스맨이었다. 그의 파란만장한 삶에 비춰 보니 나 자신이 한심하게 느껴졌다. 민족적 차별이니 인종이니, 그런 문제로 고민하는 자체가 얼마나 시시한지 깨달았다. 한 번뿐인 인생을 이렇게 어물쩍 흘려보내도 되는 건가!

나는 남과 다르게 살기로 결심했다. 물론 그때까지는 내가 이루고 싶은 게 뭔지 확실히 알지 못했다. 비록 그렇다고 하더라도 뭔가 큰일을 하고, 수많은 사람을 돕고 싶었다. 내 인생을 불사르고 활활 태울 만한 일에 이 한 몸 부서지도록 빠져들고 싶었다. 그런 충동이 강하게 일어났다. 그리고 굳게 결심했다.

그 결심이 가슴 깊이 자리를 잡으면서 강렬하게 나를 부추겼다. 나나 내 가족의 사리사욕이 아니라, 수천만 사람을 도울 수 있는

뭔가 큰일. 금전에 대한 욕심 같은 것이 아니라 많은 사람이 '그
사람이 있어 참 다행'이라고 공감할 수 있을 만큼 값진 일을 해
내기로 마음먹었다. 그것이 바로 열여섯 소년이 품은 삶의 포부
였다. '뜻을 높게!'라는 그 말이 나의 좌우명이 되고, 내 인생의
중심이 되었다."

자식이라고 해서 글로벌 기업을 대물림하지 않겠다는 손정의 회
장, 60대에 은퇴하겠다는 그는 지금 60대에 들어섰다. 그는 일찌감
치 60대에 은퇴하겠다고 선언한 만큼 어떤 후계자를 뽑을지 궁금하
다. 후계자 선정에 따라 기업의 흥망이 좌우될 수 있기 때문이다.

10년은 더 일 하겠다

손마사요시(손정의) 소프트뱅크 창업자 겸 회장이 향후 10년간 은
퇴할 뜻이 없다고 2017년 6월 21일 강조했다. 손 회장은 도쿄에서 열
린 연례 주주 총회에서 "아직은 힘이 넘쳐서 차마 은퇴를 할 수 없다
고 말했다."라고 현지 언론들이 보도한 것이다.

그는 "내 후계자는 우리 그룹 안에서 이미 활발하게 역할을 맡은
인물 가운데 뽑을 것"이라고 덧붙인 것으로 알려졌다. 손 회장은 그
간 공식 석상에서 여러 차례 60대에 은퇴하겠다는 뜻을 밝혀 왔다.
작년까지만 하더라도 구글 임원 출신 니케시 아로라 전 부사장을 후
계자로 낙점했고, "당초 2017년 8월 11일 60번째 생일 파티에서 은
퇴를 깜짝 발표할 것으로 알려졌으나, 이를 번복한 것으로 풀이된

다."고 일본 언론들이 분석했다.

그는 인공지능(AI) 사업에 대한 의욕 때문에 은퇴를 미루겠다며 앞으로 10년은 더 CEO로 일하고 싶다고 밝혔다. 아로라 전 부사장은 알리바바, 슈퍼셀 등 자산 매각을 놓고 손 회장과의 견해 차이가 커지면서 지난해 6월 소프트뱅크를 떠났다. 그는 지난해 주변의 우려 속에 인수한 영국 반도체 설계회사 ARM에 대해 "언젠가 내 삶을 되돌아보면서 내가 인수한 회사 가운데 정말 핵심을 꼽아야 한다면 그것은 ARM일 것"이라고 강조했다.

또 알파벳으로부터 사들인 보스턴 다이내믹스를 언급하며 더 좋은 반도체가 탑재되기만 하면 로봇 산업이 앞으로 크게 발전할 것이라고 설명했다.

한국에서는 큰아들 중심으로 대물림을 해주는 것이 하나의 관례처럼 내려온다. 그는 우리나라 그룹의 후계 경영 생태계와는 전혀 다른 생각을 하여 왔다. 후계자 선정이 중요한 것은 기업 실적과 깊이 연관돼 있기 때문이다.

LG경제연구원이 글로벌 CEO 평균 재직 기간을 조사한 재미있는 통계 결과가 있다. 이에 따르면 2010년 미국 〈포춘〉이 선정한 글로벌 500대 기업 가운데 상위 150대 기업의 CEO 평균 재직 기간이 6.1년에 불과하다.

그런데 주목할 일은 전임 CEO의 5분의 1은 3년 내에 교체되었다. 이러한 사실은 선임 당시 내로라하는 인재들 가운데서 골랐을 테지만 25%는 결국 실패로 돌아갔다는 이야기이다.

글로벌 헤드헌팅 기업인 하이드릭 앤 스트러글스의 CEO 케빈 켈리는 그의 저서 《벌거벗은 CEO》에서 후계자 선정 실패 요인을 네 가지로 요약했다.

현직 CEO의 지나친 권력 욕심, 안전한 인물을 원하는 이 사회의 욕심, CEO 선정의 객관성이 결여되고 있는 점, 차세대 임원 배제 등이다. 이 때문에 명확히 볼 수 있는 판단력이 흐려져 기업에 맞는 후계자 선정에 실패한다고 지적했다.

그렇다면 글로벌 기업들은 후계자 선정에 대해 어떤 생각으로 어떤 노력을 하고 있을까?

세계경영연구원에 따르면, 버핏의 기준은 일반 CEO 선정 기준과 다르다. CEO 선정 기준을 간결하고 명확히 제시하고 있다는 것이다. 그는 2007년 3월 1일 주주들에게 배포한 연례 보고서에서 최고 투자책임자(CIO)를 공개 모집한다고 발표해 세상 사람들이 깜짝 놀랐다. 그 이유는 버핏의 후계자를 공개적으로 뽑겠다는 마음을 밝혔기 때문이다.

버핏이 생각한 기준은 4가지로 요약된다. 독립적 사고방식, 위기를 인식하는 능력과 그를 피해갈 수 있는 능력, 감정적으로 안정적, 인간과 주변 상황에 대한 예민한 통찰력 등이다. 이 4가지 기준은 버핏의 장기인 장기투자를 유지하는 데 꼭 필요한 조건이다. 기업과 후계자의 궁합을 보는 데 워런 버핏 회장은 집중했다.

하지만 재일교포 손정의 회장의 소프트뱅크는 새로운 30년 비전 설명회에서 2040년까지 시가 총액 200조 엔, 계열사 5,000개를 거느린 세계 10위 기업으로 소프트뱅크를 키우겠다는 포부를 밝혔다. 그러면서 이처럼 원대한 목표를 달성하기 위한 첫걸음으로 후계자 육성을 꼽았던 것이다.

그는 입버릇처럼 말했고, 최근에 페이스북에 "목표를 낮춰서 만족할 것인가? 그러면 한 번뿐인 인생이 행복할까?"라며 자신을 닦달했다. 손정의는 아직도 집무실에 료마의 대형 걸개 초상화를 걸어 놓고 마음을 다저 잡으며 사업을 전개한다.

우리에게도 그런 기업가 정신을 물려준 뛰어난 창업가들이 많다. "시련은 있어도 실패는 없다.", "한 번 해보기는 했어?"라고 말했던 현대그룹 창업가 정주영, 집요한 창의력으로 삼성그룹을 일궈내고 아들 이건희에게 남의 말을 "경청하라!"를 강조한 이병철, "한 번 사람을 믿으면 모두 맡겨라!"라며 인화를 강조한 LG그룹 창업가 구인회, 동해 바닷가 외진 곳 영일만의 버려진 땅에 세계 최대의 포항제철소를 세운 박태준 등 훌륭한 기업가들이 있었다.

그들의 정신은 죽지 않고 그 기업 속에 영원히 살아있다.

05 거침없는 행보

통 큰 기부자

그는 거침없는 행보로 유명하다. 손정의는 1,300억 원의 엄청난 거액을 기부한 통 큰 사람이다. 일본열도를 흔들었던 원전 사고 때 사고 현장을 방문하여 처참한 상황을 직접 보고 재해 복구에 적극 참여하고 거액을 내놓아 일본 사람들의 찬사를 받았다.

이때 손정의는 동일본 대지진 의연금으로 100억 엔(약 1,300억 원)을 내놓았다. 이때까지 일본에서는 최고 기부액 기록을 지녔던 야나이 다다시(柳井正) 유니클로 회장의 개인 의연금 10억 엔(약 130억 원)의 열 배나 뛰어넘는 최고 금액이라 하여 당시 큰 화제를 불러일으켰다.

그는 이 돈이 재해 고아 등의 지원에 쓰이길 바란다고 희망했다. 또한, 소프트뱅크 회사에서도 기업 차원에서 10억 엔을 기부할 뜻을 밝혔다. 이밖에도 소프트뱅크 모바일 매장에서도 의연금을 모금하였는데, 약 1억 엔에 이르렀다.

손정의는 대지진 피해 현장의 자원봉사에도 2만 대의 휴대전화를 무상으로 대여하고, 피해 지역의 고객들에게 휴대전화 통화 요금 등의 납부 기한도 연기했다. 그리고 지진 피해 고아에 대해서는 18세까지 소프트뱅크의 휴대전화를 무상 대여한다는 방침도 밝히는 등 획기적인 조치를 단행하였다. 이러한 결단에 대해 한국의 인터넷에서는 찬사가 쏟아졌다.

"역시 그릇이 다르다."

"훌륭하다. 돈은 벌어서 이렇게 사용하는 거다."

"정말 존경할 수 있는 사람이다!"

그뿐이 아니다. 2011 회계연도부터 은퇴할 때까지 소프트뱅크 그룹에서 받는 보수 전액을 일본 적십자사와 아카이하나(赤い羽根) 공동 모금에 기부하겠다고 밝혔다.

손정의라고 해서 실패가 없었던 것은 아니다. 저렴한 가격에 인터넷을 제공한다고 홍보했다가 가입자가 몰리는 바람에 약속을 번복하기도 하였다.

IT 버블 붕괴 위기가 찾아왔을 때 손정의는 소프트뱅크가 정리할 사업을 정했다. 그리고 남기는 사업으로 야후 재팬(Yahoo Japan)을 선택했다. 다른 대형 사업은 매각하거나 그만두었다. 소프트뱅크는 주가가 하락하고 세간의 평판도 바닥인 상황에서 분산된 힘을 집중할 수 있는 방법을 찾은 것이다. 손정의에게는 야후 재팬이 최후의 보루였다.

탁월한 대처 능력

위기에 처하면 잘하는 분야에 주력한다는 것이 그의 기업 경영 비결이기도 하다.

보통 '구조조정'이라고 하면 사업과 인원을 정리하여 손익을 적자에서 흑자로 전환하는 정책을 말한다.

바꿔 말하면 축소 균형을 달성하는 것이다. 대부분 회사는 위기에 빠지면 이 방법을 선택한다. 도산의 위험을 줄이기 위해 성장보다는 사업 축소를 통해 균형을 맞추고자 한다.

소프트뱅크 손정의 회장의 사업적 능력은 과연 어떤 것인가? 소프트뱅크도 다른 기업처럼 이익이 아니라고 판단되면 무슨 일이든 빠르게 포기했을까? 그는 기업의 상황이 뜻대로 되지 않을 경우 일찌감치 포기하는 게 여러모로 나은 일이라고 여겼을까?

그 대답은 당연히 '아니다'였다. 포기가 빠른 사업가가 성공할 리 만무하고, 개인도 포기가 빨라서는 어느 집단에서든 성공하지 못한다는 것이 그의 신념이었다.

손정의는 기업 활동에서 '속도가 생명'이라고 강조한다. 어느 정도 형태가 완성될 때까지 다른 일은 잠시 멈추라고 말한다. 특히 신상품을 기획할 때에는 반대에 부딪히는 일이 흔하다.

세상에 존재하지도 않는 물건이나 서비스를 어떤 형태로든 가시화시키면서 설득해야 하기 때문이다. 소비자들이나 시장에서 어느 정도 성장하리라 예측된다거나, 기존에 있던 제품보다 우수하다는 이야기로는 새로운 제품을 충분히 설명할 수 없다.

따라서 새로운 제품의 이미지를 확실하게 드러내기 위한 근거를 만들어 제공하는 일이 중요하다. 눈으로 볼 수 있게 하거나 손으로 잡을 수 있는 구체적인 근거를 제공해야 한다. 설명을 듣는 것과 직접 눈으로 보는 것은 확연히 다르기 때문이다.

손정의 회장은 앞으로 어떤 미래를 꿈꾸면서 그려 가고 있을까? 이에 대해 손정의가 직접 말문을 열었다. 그중에는 재일교포 3세로서 자신이 겪었던 쓰라린 냉대와 가슴 아픈 설움을 잊을 수 없다. 더구나 어린 시절에 그가 할머니를 마치 한국과 동일하게 여겼던 기억과 존경, 그리고 미국 유학을 떠나기 전에 할머니 손을 잡고 한국을 방문했던 일 등을 처음 밝히는 이야기들로 가득하다.

그는 자신의 암울했던 과거를 되짚으며 원대한 미래를 대담하게 선언하고 있다. 손정의는 스스로 생애 최고의 연설이라 자부한 '신 30년 비전 발표'를 통해 그 실마리를 제공하고 있다.

어떤 미래 비전이 필요한가? 앞으로의 세상을 어떻게 바라보아야 하는가? 기업은 어떻게 변화해야 하는가? 경영자는 무엇을 해야 하는가?

06 국적을 바꿔라

편견을 버려라

일본 사회에서는 '국적이 다르다, 인종이 다르다'는 국적 문제로 여러 가지 문제를 일으키고 있다.

일본에서는 외국인이 귀화할 때 자기 나라의 성씨를 그대로 쓰기를 희망하지만, 일본에서 거주하고 사업을 하려면 그 성씨를 쓸 수 없다고 제한하고 있다. 그가 일본 국적을 취득하기 전까지 일본에서는 안본(安本:야스모토)이라는 이름을 사용하였다. 그러나 1990년 일본에 귀화할 때 일본식 성씨로 바꾸어야 한다는 강한 압력을 받았다.

그런 연유로 해서 손정의는 일본에서 사업을 하려면 등록을 해야 하는데 일본 국적 취득이 필수라고 여겼다. 그래서 결단을 내렸다. 대한민국 씨족임을 고집한 채 1991년 일본식 이름으로 고쳐 국적을 취득했다.

일본 국적의 아내에게 이름을 변경시키면서까지 '손(孫)' 씨라는 성에 집착한 사람이다. 그는 어린 시절 '조센징'이라 고 놀려 대는 일본 아이들에게 대들다가 돌을 맞아 눈 부위를 5바늘이나 꿰맸다. 이때 손정의는 '죽을 때까지 잊을 수 없다'고 다짐했다. 여기에 한국인으로서의 자긍심이 있다.

그가 타국인 일본에서 성공할 수 있었던 원동력은 폐쇄적인 낡은 수법을 깨뜨리고, 새로운 경영 능력을 발휘한 것이며, 그 이면에는 재일한국인이라는 출신이 깊게 작용하였고 민족 차별을 뛰어넘자는 강인한 의지를 발판으로 삼았기 때문이다.

일본 언론들은 소프트뱅크 그룹 손정의 회장을 가리켜 '혁신 경영의 귀재'라는 말을 즐겨 쓴다. 일본 상류사회에 발을 붙이기 어려운 재일동포 3세라는 한계를 딛고 대부호의 반열에 올라섰기 때문이다.

한국인의 자존심 지켜

일본에서 살아남기 위한 근성들이 어우러져 오늘의 그가 탄생했다고 일본 사람들은 말하고 있다. 하지만 그를 가장 존경하는 근본은 그가 비록 일본에서 태어나 탁월한 기업가로 성공했다는 것보다는 자신이 한국인임을 잊지 않고 있다는 사실 때문이다.

조상의 뿌리를 이어가는 정신, 한국의 성씨인 손(孫) 씨 성을 지금까지 지키고 있다는 데 많은 사람이 감동한다. 최근 일본 학계와 언론, 기업계 등에서 '손정의 연구'가 활발하게 이루어지고 있다는 것도 특별한 사항이다.

24세 청년 때에 처음으로 컴퓨터 소프트웨어 유통업에 뛰어든 이후 가장 빠른 기간에 디지털 왕국을 키워낸 경영의 노하우는 어디에서 나온 것일까?

지금 손정의 회장은 일본에 귀화한 한국인으로 당당하게 활동하고 있다. 그런 연유로 해서 아내에 대한 사랑 또한 남다른 것으로 유명하다. 지금 국적은 비록 일본인이지만 대한민국의 피가 흐르고 있는 한국의 아들임을 잊지 않고 자랑스럽게 여기는 사람이다.

그는 사업가가 되기로 작정한 뒤 1년 반 동안 생각에 생각을 거듭했다. 40개 정도 되는 새 비즈니스 모델을 고안하고, 예상 자금 동원 방법과 예상 손익계산서, 예상 재무제표, 예상 인원 계획, 예상 매출 등 10년치 비즈니스 플랜을 철저하게 짰다.

더구나 앞으로 라이벌이 될 기업에 대해서도 샅샅이 조사했다. 서류 뭉치가 1m나 쌓일 정도였다. 그런데 또 다른 아이디어, 더 좋은 생각이 떠오르는 것이다. 이런 아이디어라면 반드시 일본 최고가 될 수 있다는 생각이 들었다.

가장 훌륭한 기업, 최고의 기업을 일으켜서 한국인의 명예를 드높일 수 있겠다고 흥분했다. 그런 과정을 사오십 번이나 반복한 끝에 생겨난 사업이 바로 소프트뱅크이다.

재일교포

재일교포는 일본에 살고 있는 한국인으로 일본에 귀화한 사람, 또는 귀화하지 않고 한국 국적을 가지고 있는 사람들을 가리키는 말이다. 재일교포는 일제강점기 때 징병, 징용으로 강제 연행되어 끌려간 사람, 생업을 위해 일본으로 건너간 사람들이다.

재일교포는 1950년 통계로 54만 5,000여 명이었으나, 1960년에 58만 1,000명, 1970년에 61만 4,000명, 1980년에 66만 5,000명으로 10년 단위로 5~8% 정도 증가한 것으로 집계되었다.

2015년 연말 현재, 외무부 통계에 따르면 재일교포는 모두 91만 3,152명으로 중국(248만 9,076명), 미국(223만 1,684명)에 이어 3위이며, 귀화한 재일교포는 약 12만 명으로 나타났다.

07 자신감을 가져라

놀라운 집념

"모두가 안 된다고 해도 나는 할 수 있다!"

미국 유학을 떠날 때 이미 놀라운 집념을 보여준 것이다. 유학을
마치고 일본으로 돌아와 소프트뱅크를 창업한 그는 만성 중증 간염
으로 장기 입원을 한 적이 있다. 이때 엄청난 양의 책을 읽으며 그만
의 경영 철학을 완성했다.

"싸우지 않고 이기는 것이 진정한 인수합병이며, 승률이 높다고
확신하는 전쟁에는 반드시 나가서 이기자!"

그의 이러한 경영 방식을 '제곱병법'이라고 말한다. 이 방식은
병원에서 간염 치료를 받는 동안에 손자병법을 읽고 만든 것이다.
1981년 스물네 살 청년으로 소프트뱅크를 창업하고 서른일곱 살에
회사를 1,000억 엔대의 규모로 키워냈다. 인터넷 왕국을 건설하고

그 황제가 된 셈이다.

그러나 뜻하지 않은 닷컴 거품이 빠지면서 소프트뱅크의 주가도 폭락했다. 재산 가치 95%가 날아간 것이다. 하지만 그는 엄청난 충격에 좌절하지 않고 그런 어려움도 기회로 삼았다. 가치가 떨어진 좋은 기업들을 인수하거나 투자해 미래를 준비하는 놀라움을 발휘한 것이다.

손정의의 큰 승부 중 하나는 2001년에 시작한 초고속 인터넷 사업이다. 당시의 인터넷 서비스보다 열 배나 빠른 서비스를 지원하자는 그의 제안에 대부분은 부정적이었다.

초고속 인터넷을 핵심 인프라로 인식하지 못했을 뿐더러 어렵게 구축한 시스템에 경쟁사들이 무임승차할 것이라는 우려의 목소리가 높았기 때문이다.

하지만 미래를 내다본 그는 소프트뱅크의 디지털 가입자 회선 서비스로 일본열도 전체를 브로드밴드화로 구축했다. 이와 더불어 새로운 시장을 창출한 소프트뱅크 역시 크게 성장하는 힘을 얻었다. 모바일 고객 간의 무료 통화 서비스도 파격적으로 단행하였다. 결국, 많은 호응을 얻었고 소프트뱅크가 더 큰 그림을 그리는 데 밑바탕이 되었다.

균형 정책을 써라

"실패를 두려워하지 말고 자신감을 갖고 도전하라!"

굴지의 기업 소프트뱅크 손정의 회장이 강조하는 말이다. 경기 불황이 장기화되고 있다. 실업률은 사상 최대에 다다랐으며, 직장에서 능력을 인정받지 못하면 언제 낙오자가 되어 밀려날지 모른다. 말 그대로 '총체적 위기'다.

하지만 소프트뱅크 손정의 회장의 생각은 다르다. 그는 위기와 기회가 다르지 않으며, 오히려 다른 사람들이 위기라고 말할 때 기회가 찾아온다고 생각하는 CEO이다.

실제로 손정의는 리스크를 기회로 만드는 최고의 전략가다. 2000년, 일본에서 IT 버블이 붕괴되었을 때, 모두 사업 규모를 축소하거나 매각하기에 바빴다. 소프트뱅크의 주가도 100분의 1로 떨어졌다.

그러나 손정의는 달랐다. 기존 사업들을 매각한 자금으로 새로운 통신 사업을 벌이고 대폭적인 투자를 감행했다. 불황의 시대에 상식과는 반대로 사업을 확대하고 균형 정책을 취한 것이다. 이렇게 시작된 통신 사업은 현재 소프트뱅크의 주력 사업으로 발돋움했다.

손정의가 이렇게 공격적인 투자를 할 수 있었던 건 '300년 지속 가능한 기업'을 만든다는 확고한 목표와 '반드시 성공할 수 있다'는 신념이 있었기 때문이다. 물론 손정의가 막무가내로 일을 추진하는 것은 아니다.

그는 확실한 비즈니스 플랜과 일의 순서를 정하는 방법, 필요한 능력을 습득하는 방법, 합리적으로 판단하는 방법 등 구체적인 매뉴얼을 가지고 업무를 진행하였다. 이러한 그의 방침은 현재 직장에 다니고 있거나 창업을 생각하는 사람이라면 반드시 알아야 할 업무 노하우로 여기고 있다.

오늘날 소프트뱅크는 최고의 IT 기업으로 성장했다. 그리고 그 이면에는 위기를 기회로 만드는 손정의의 결단력과 생산성을 극대화시키는 효과적인 업무 능력과 기술이 있었다. 위기에 빠진 우리에게 손정의의 목소리가 더 깊은 울림으로 다가오는 이유다.

08 책임지는 리더십

철저한 책임 의식

손정의 회장의 리더십은 매우 강열하다는 것이 특징이다. 그는 직원들에게 어울리는 역할을 분담시키는 것을 경영의 제일 원칙으로 삼고 실천하는 CEO로 유명하다. 이는 직원 개개인의 능력과 자질을 제대로 파악하고 그에 걸맞은 역할을 일일이 지시하는 방식이다. 바로 손정의 리더십의 핵심이자 그가 가장 중요하게 생각하는 덕목의 하나이다.

직원의 능력에 접합하지 않은 일을 절대 시키지 않는다. 그 대신 일단 맡긴 일에 대해 사고나 하자가 발생할 경우 해당 직원에게 책임을 묻지 않고 그 책임을 철저하게 회장에 지고 있다. 지금까지 결과에 따라 담당 직원을 책망하거나 책임을 부과한 사례가 없다는 것이 소프트뱅크의 입장이다.

손정의 회장이 직접 책임을 지는 풍토는 소프트뱅크의 전통이자, 꾸준히 성장하는 원동력으로 뿌리를 내렸다. 직원이 회장의 지시에 따라 일을 수행하고 소기의 목적을 거두지 못했다 해도 그 결과에 대한 책임을 담당 직원이 지지 않고 회장이 지기 때문에 직원들은 더욱 열정을 쏟아 일하고 있다.

하지만 손정의 회장이 제시하는 사업 목표는 지나치다는 말을 들을 정도로 수준이 높은 것으로 알려졌다. 따라서 직원들은 그 기대를 채우기 위해서 늘 고군분투한다. 그 과정에서 새로운 아이디어를 창출하지만 실패하는 일도 빈번하다. 그러나 손정의는 그 결과에 연연하지 않고 새로운 아이디어를 구상한다.

새로운 사업을 추진하는 데는 모험과 착오가 생기기 마련이다. 그런 일은 필연적이라 어쩔 수 없이 감수하고 극복해야 한다고 여긴다.

성과주의 원칙

소프트뱅크는 철저한 성과주의를 기업의 원칙으로 삼고 있다. 이는 회장이 모든 책임을 진다는 기업 경영 원칙에 따른 것이다. 그런 이념에 따라 직원들은 책임에 따른 부담을 갖지 않고 모두 즐거운 마음에서 공격적으로 업무를 수행한다. 이는 곧 소프트뱅크가 성공을 거듭하는 원동력이 되고 있다.

회사의 사장이나 회장이 직원의 과실에 관해 책임지는 일은 소프트뱅크에게만 국한된 것이 아니라 일본의 전형적인 거대 기업들이 하나같이 실천하고 있는 사안이다. 일례로 일본 제2의 대기업인 미쓰비시 그룹도 상사가 부하 직원들에게 천명하였다.

"책임은 내가 질 테니 젊은 친구들은 자유롭게 꿈을 펼쳐라!"

이런 기업 문화는 '연공서열' 문화가 능력 본위의 업적주의로 변화하는 흐름에 따른 것이다. 부장급 이상의 임직원도 성과에 따라 업무 능력을 평가받는 시대가 된 때문이다.

손정의 회장의 리더십 의식은 매우 현실적이다.

"리더십은 목표를 제시하고 그 역할을 분담해서 좋은 아이디어를 이끌어 내는 능력을 말한다. 그리고 그 결과에 대한 책임을 회사의 책임자인 사장이 필수적으로 떠맡아야 한다. 지나침 성과주의는 그러한 리더십의 본질을 해칠 수 있는 위험 요소를 안고 있다. 어떠한 일이든 항상 모든 책임은 리더에게 있다."

리더십의 실체

손정의는 매우 특이한 리더십을 지닌 CEO로 알려져 있다. 아무것도 없는 기업 풍토에서 세계적인 대기업을 일궈냈기 때문이다.

"손정의 회장은 매우 이상적이 리더십을 지닌 CEO다."

언론에서 내린 평가이다. 실제로 업계에서는 그를 강력한 리더십을 지닌 경영자로 여기고 있다. 사실상 무경험 무일푼으로 첨단 산업계로 뛰어들어 짧은 세월 안에 세계적인 굴지의 대기업으로 성장시키기까지 강력한 리더십이 없었다면 그런 성공 신화는 불가능하다는 것이 업계의 시선이다.

그런 그의 리더십의 특징은 한마디로 요약해서 "목표를 설정한 뒤 그 역할을 적임자에 통째로 맡긴다. 그런 뒤에 역할을 분담하고 성패에 대한 책임을 그가 전부 진다는 것"이다.

그는 평소에 "리더십의 본질은 변하지 않는다."라고 강조한다.

그런 생각은 어디서 나온 것일까? 재미있는 사례가 있다. 드넓은 대평원에서 집단 사냥을 시도한다. 이때 사냥에 대한 계획을 먼저 세우고 그 계획을 바탕으로 사냥에 나선다. 여기서 리더의 역할이 중요하다. 리더가 어느 방향으로 이동하면서 사냥을 전개할 것인가를 정해야 한다.

방향을 잘못 잡으면 사냥감을 만나지 못하고 어느 것도 잡을 수 없게 된다. 결국, 그날의 사냥 작전은 허탕되고 만다. 그때 누가 책임질 것인가? 방향을 잘못 선정한 리더가 당연히 책임질 수밖에 없다.

사람마다 능력이 다르고 지혜와 수단이 다르다. 그런 사람들을 이끌고 광야에서 사냥을 시작할 때 개성과 능력이 제각각인 사냥꾼들을 이끌고 통솔하는 사람은 바로 리더이다. 뜻밖의 사냥감을 만나 많은 것을 얻는다면 그 공은 당연히 리더에게 돌아간다. 반대로 하나도 얻지 못해도 그 책임은 리더에게 주어진다.

손정의는 소프트뱅크를 통해 IT 사업을 하는 리더이다. 소프트뱅크의 뱅크(Bank)는 그 어원이 은행이다. 은행은 수많은 예금자로부터 돈을 모아 여러 기업에 대출하고 그 이자를 받는 것이 주업이다.

소프트뱅크도 이와 마찬가지이다. 현재 주력 사업으로 각광을 받는 IT 사업의 핵심은 휴대전화 사업과 야후 재팬을 대표로 하는 인터넷 사업이다. 이를 IT 플랫폼으로 삼고 있는 것이다.

이 플랫폼은 앞으로도 소프트뱅크를 이끌어갈 핵심 사업이자 소프트뱅크의 가치일 것이 틀림없다는 것이 그의 확신이다. 그런 확신을 일컬어 무어의 법칙(Moore's Law)에서 얻었다. 그 법칙은 인텔 설립자 가운데 한 명인 고든 무어가 발표한 "IC칩의 집적도는 18개월마다 2배로 증가한다."라는 것에서 나온 것이다.

이 법칙에 의하면 컴퓨터는 1년 반이면 그 성능이 배가되거나 반대로 그 외형적 크기가 절반으로 줄어든다는 내용이다. 실제로 컴퓨터가 처음 나왔을 때는 웬만한 주택처럼 덩치가 컸다. 그것이 시간이 흐르면서 줄어들기를 계속한 끝에 지금은 손바닥 위에 올려놓을 수 있을 정도로 축소되었다. 이에 따라 통신기구도 소형화되면서 그 기능은 엄청 커지고 있다.

최근 10년 사이에 18개월을 간격으로 인터넷 통신 속도는 비약적인 발전을 거듭하고 있다. 이런 현상을 가리켜 상전벽해(桑田碧海)라고 한다. 상전벽해는 뽕나무 밭이 변하여 푸른 바다가 된다는 뜻으로 엄청난 변화를 의미하는 말이다.

손정의는 상전벽해를 미리 내다보고 IT 플랫폼을 구축하는 사업을 소프트뱅크의 주력 사업으로 설정하고 전력투구하여 글로벌 기업으로 키웠다. 그야말로 상전벽해를 이룩한 것이다.

05

거대한 웅지

01 'PDCA 4단계 경영' 방식

독특한 전략

소프트뱅크 손정의 회장은 평범하면서도 매우 독특한 'PDCA'라는 4단계 경영 방식으로 그룹을 이끌어가는 CEO로 화제를 모으고 있다.

'PDCA 4단계'는 'Plan = 계획, Do = 실행, Check = 검증, Action = 개선'이라는 네 단어의 첫머리 글자를 조합한 합성어이다.

P : Plan으로 계획 작성, 목표 설정

D : Do로 실행, 계획 업무의 추진

C : Check로 검증, 계획 추진에 대한 평가

A : Action으로 개선, 계획 추진에 대한 결과 분석과 개선

'PDCA 4단계 경영' 방식을 좀 더 구체적으로 보면 이렇다.

첫 단계인 'Plan = 계획'은 종래의 실적 중심에서 벗어나 미래 중심

적 업무 계획을 세우는 일로 새로운 사업에 대한 종합 마스터플랜을 구성하는 일이다. 훌륭한 건물을 세우기 위해 기초 공사를 튼튼히 하는 첫 작업인 셈이다.

새로운 사업을 전개함에 있어서 현재의 위치에서 소비자 패턴과 시장의 흐름을 분석하고, 미래 소비자의 성향을 바라보고 장래 시장의 흐름을 예측하면서 업무 계획을 수립하는 일을 최우선 과제로 삼고 있다.

둘째 단계인 'Do＝실행'은 생존을 위한 전략이다. 첫 단계의 마스터플랜이 작성되었으면 그를 과감하게 진행하여 최적, 최고의 결과가 나타나도록 수단과 방법을 동원한다. 각자 업무의 완성을 위해 전력투구하는 과정이다.

세 번째 단계인 'Check＝검증'에서는 계획과 진행 과정이 어떻게 실행되고 어떤 결과를 가져오는가를 엄밀하게 확인 평가하고 종합 점검하는 단계이다. 평가는 반드시 숫자로 표기되어 한눈에 알아볼 수 있어야 한다. 업무 평가의 숫자 표기화와 과학화 단계이다.

마지막 단계인 'Action＝개선'에서는 마스터플랜을 실행하는 과정에서 부분적인 결함이나 모순은 없었는지 살펴보고 어떤 결함을 발견하면 즉시 개선하여 마스터플랜을 보완하는 것이다. 이는 손정의의 생존 법칙이자, 소프트뱅크의 성장 동력이다.

이렇게 4단계를 순차적으로 실행하고 점검함으로써 결함을 최소화하고 그 결함을 개선 보완하여 완벽한 마스터플랜으로 정착시켜 소비자들에게 좋은 이미지를 안겨 주면서 박수를 받자는 주장이다.

두 개의 물채를 하나로 연결할 때 빙빙 돌아들어가 견고하게 고정시켜 하나의 완성된 조합을 이루는 나사못처럼 나선(螺旋)형 조직을 구축하고 이런 개선 업무를 계속적으로 이어가면서 제조와 서비스를 업그레이드시켜 시장을 지배한다는 전략이다.

이처럼 철저하고도 물샐틈없는 완벽함으로 기업을 이끌어가는 손정의를 가리켜 '기획에 집중하는 결단의 승부사'라고 일본 사람들은 입을 모은다.

기획에 집중하는 CEO

소프트뱅크 손정의 회장의 철저한 기획-실행-점검-개선 원칙주의에 대해 그를 가장 가까이에서 보좌한 소프트뱅크 '사장실장' 미키 타케노부가 회사를 떠난 뒤《왜 나는 기회에 집중하는가》라는 것으로 집약하여 엄청난 화제를 뿌렸다.

그는 손정의의 최측근으로서 손 회장의 사업적 의식과 사고방식, 새로운 사업을 추진하는 결단의 방법, 실전 업무의 기술 등 손정의가 추진하고 실천한 것들을 일목요연하게 정리한 것이다.

손정의가 사업 목표를 설정하고 실행하는 방법과 가치관을 펴나가는 과정, 각종 문제에 대처하는 지혜, 일을 결단하는 솜씨 등을 통해 그가 세상을 살아가는 방법을 이 책 속에 담아 놓았다.

손정의는 다량의 업무를 신속하게 처리하고 복잡한 업무에 대처하는 지혜가 특출하고 실전 업무 능력이 탁월하며 사람과 조직의 관계를 지혜롭게 풀어나가는 솜씨가 남다르다. 이런 복잡한 문제들을 역전의 사고(思考)와 결단의 방정식으로 풀어나가고 있다.

손정의는 사업의 위험 요소인 리스크의 범위를 인정하고 그 리스크를 얼마나 빠르게 대처해서 해결하느냐가 성공의 바탕이라고 강조하는 CEO이다. 그는 이렇게 강조한다.

> "이 세상에 절대 안정된 것은 없다. 위험 요소는 곳곳에 널려 있다. 그러한 리스크는 피할 수 없다. 다만 줄이려는 노력을 계속할 때 완결된다. 성공한 사람과 몽상가의 차이는 도전의 여부이다. 꿈만 꾸는 사람과 꿈을 이루려는 사람은 다르다. 분명 무엇인가를 이루고자 하는 일을 저지르고 이룩해 낸다. 성공하는 사람과 꿈꾸는 사람의 차이는 일이다. 꿈을 실현하게 만드는 것은 일이다. 일하는 사람에게는 힘이 생긴다."

'제곱법칙'의 신통력

손정의의 또 하나 특별한 경영 기법은 이른바 '제곱법칙'이라는 '역전의 방정식' 기법이다. 이는 'PDCA 4단계 경영'을 다져 주는 초고속 함수 방정식이다.

> "일반적으로 새해 첫날이 되면 1년 설계를 한다. 원대한 포부를 설계하는 일은 중요하다. 그러나 정월 초하룻날 아침에 1년 365일을 설계하는 일은 실현 가능성이 얼마나 될까? 성공 확률은 365분의 1, 그야말로 숫자놀이에 불과하다. 그래서는 어떤 일도 이루기 어렵다."

그의 생각은 이런 보편적 개념을 뒤엎는 역순의 방정식을 강조하고 있다.

"오늘 이 시각이 가장 중요하다. 오늘은 한 주일의 시작이고, 월요일은 한 주일의 시작이며, 1일은 한 달의 첫날이며, 1월은 12월 1년을 여는 첫 달이다. 따라서 미래를 향한 설계는 1일~1주일~1달~1년~10년으로 이어지는 십진법의 순리를 따르되 역순의 방정식을 세워야 성공할 수 있다. 먼 날을 목표의 종점으로 삼았다면 그날로부터 역순하여 1이 되도록 끌어내려야 한다."

이는 확실히 손정의식 수리의 마술이다. 매일매일의 일간(日間) 계획, 주간 계획, 월간 계획, 분기별 계획, 연간 계획으로 사업 계획을 구분하고 실행하되 그 목표와 결과에 대한 점검과 평가가 반드시 병행되어야 하고, 그 결과가 숫자로 나타나야 한다는 것이다.

여기서 주목을 끄는 것 중의 하나가 'T자 감정'법이다. 이는 기업의 발전은 무에서 유를 생산하는 것인데 그 결과는 반드시 숫자로 나타난다는 손정의의 경영 철학이다. 소프트뱅크의 회장을 포함하여 임직원, 말단 직원에 이르기까지 모두가 숫자 개념을 올바르게 이해하고 이를 생활화하자는 것이다.

특히 업무의 성장과 개선은 항상 숫자의 마력(魔力)에 영향을 받기 때문에 모두가 숫자 의식을 생활화하는 것이 필수라는 것이 손정의의 생각이다. 더구나 기업은 고객 만족도에 따라 승패가 좌우되는데 그것 역시 숫자로 나타난다. 이에 대한 정보 수집과 분석, 그리고 대응 전략도 숫자로 등장한다는 것이다.

그래서 개별 업무 계획을 세우되 업무 노트를 'T자 형태로 구분하여 왼쪽에는 업무의 목표를 기록하고 오른쪽에는 실천의 결과를 숫자로 기록하라는 것이다. 예를 들면 오늘의 예상 매상액을 설정하고 업무 종결 시에 그 결과를 수치로 나타낸다.

이를 위해 하루 최소한 3명 이상을 만나 10분 이상씩 대화를 하고 그 결과를 밝히는 방법이다. 이는 업무 추진의 계획과 실행의 결과를 숫자를 통해 한눈에 보여 주는 것으로 소프트뱅크가 발전하고 성장하는 바탕이 된다는 전략이다.

손정의의 경영 이념과 비즈니스 방식을 보면 사업을 선택하는 기준도 남다르다. 여러 번 실패했던 경험을 지닌 그는 도전적인 가치가 있다고 생각되는 분야에는 거침없이 일을 전개하는 저돌적 기질이 강하다. 또 일단 도전적인 일거리를 발견하면 자신감을 가지고 전력투구한다.

"아무 목적도 없이 폭넓은 지식이나 시야를 가졌다고 자랑하는 것은 의미가 없다. 자신이 생각하는 이상적 모습, 목표를 설정한 뒤에는 거기에 필요한 모든 것을 걸고 진행하여야 한다."

손정의는 지금 기업 시가총액 200조 엔에 이르는 세계적 슈퍼 갑부이다. 그건 저돌적이고도 일 중독자의 기질을 지닌 그가 'PDCA 4단계 경영'과 '역전의 방정식' 그리고 아무도 따를 수 없는 손정의식 기획력 기법으로 일구어낸 부(富)의 창출이다.

02 기발한 보고서

비장의 카드

소프트뱅크에서는 손정의 회장을 이길 수 있는 비장의 카드로 '기발한 업무보고서' 양식을 사용하고 있다. 이를 가리켜 회장을 이기는 얼굴 없는 업무 처리 보고서라는 말까지 생겼다. 이에 대해 많은 사람이 '얼굴 없는 업무보고서'라니 무슨 유령 보고서라도 되는가? 하며 무척 기이하게 여긴다.

이 카드는 손정의 사장실장을 지낸 미키 타케노부가 밝힌 것으로 '1분 1초까지 다투는 스케줄로 무척 바쁜 손정의 사장을 바로 10초 안에 설득하는 기발한 보고서'라는 글에서 나온 것이다. 그는 이 글에서 손 회장을 설득하여 이길 수 있는 감동적인 카드로 무려 10가지의 사례를 소상하게 소개하였다.

'손정의를 이길 수 있는 카드'로 제안한 10가지 사례는 어떤 것일까? '기발한 보고서' 1은 '실태가 보이지 않는 보고서는 위험하다.'는 것이다. 누적 막대그래프로는 본질을 파악할 수 없으니, 그룹 내수를 시계열(時系列)로 표현하라는 것이다. 시계열은 확률적 현상을 시간적으로 관측하여 얻은 수치의 계열을 일컫는 말인데 기상, 경제, 서비스 관련 업무 등을 수량적으로 분석할 때 흔히 사용된다.

'기발한 보고서' 2는 '윗선의 눈높이로 가설을 세워라!'이다. 예상보다 적게 나온 매출의 원인, 잘못된 매출 보고서의 견본 등을 구체적으로 기록하라는 것이고, '기발한 보고서' 3에는 '요인 분석보고서로 개선을 요구할 때 가장 설득력 있는 방법'을 밝혀 놓았다. 인과관계를 찾으면 비용도 줄일 수 있다고 당부하였다.

'기발한 보고서' 4는 '회의 의사록은 A4용지 1장으로 한눈에 파악할 수 있게 만든다'는 것이다. 결의사항인지를 명확히 구별하며, 사실과 평가는 나눠 기록하라는 것이며, '기발한 보고서' 5는 '프로젝트 관리 시트'로 심플하게 관리하고, 구체적인 사안이나 행동으로 결과물을 정의하며, 예측할 수 없는 사태에도 대응할 수 있게 하라는 것이다.

'기발한 보고서' 6은 '파레토 차트'이다. 몇 가지 요인을 제거하면 80%의 문제가 해결된다. 카테고리별 정의와 운용이 중요하다고 주문하고 있다. '기발한 보고서' 7은 '회귀 분석'으로 경영자 마인드를 길러주는 대목이다.

'기발한 보고서' 8은 '프로세스 분석 시트'로 프로세스 정의로 단계별 상황을 파악하게 하며, '기발한 보고서' 9는 '프레젠테이션'으로 메시지는 20자 내외로, 짧은 시간에 메시지를 전하는 기술을 연마하라고 당부하였다.

마지막으로 '기발한 보고서' 10은 '기획서'로 결론부터 쓰고 숫자로 증명하되 A4 용지 1장으로 정리하라는 것이다. 평가가 빠진 자료는 더 이상 자료가 아니라고 강조하였다.

역발상 기법

'손정의 성공 신화'의 이면에는 역발상의 아이디어가 자리 잡고 있다. 기업 인수 합병 협상에서도 경쟁자의 허를 과감하게 찌르면서 놀라운 제안으로 합의를 이끌어내곤 한다.

학생 시절부터 번뜩이는 아이디어를 날마다 짜낸 손정의에게는 남과 똑같이 생각하거나 따라 하는 것이 일종의 금기 사항이다. 그런데 지금 많은 청소년과 대학생들, 그리고 직장인과 기업인들까지 그를 닮으라면서 따라 하기에 열을 올리는 이상기류가 더욱 확산되고 있다.

무엇보다도 그의 3단계 아이디어 창출 방식은 매우 신선하고도 독특하다. 먼저 우뇌에 의한 역발상을 시도한 뒤, 문제점을 발견하고 그것을 해결하면, 다른 기능을 조합해 새로운 것을 창안해 내는 것이다.

처음에는 어렵고 힘들지만 자꾸 반복하다 보면 아이디어 짜내기가 한층 수월하다고 손정의는 강조한다.

'재일동포' 또는 '재일 한국인'이라는 꼬리표는 청소년 시절 내내 그를 괴롭혔다. 어린 일본 아이들에게 '조센징'이라는 놀림을 받고 흠씬 얻어맞기도 했지만 그때는 '조센징'이라는 말의 의미를 잘 몰랐다. 나중에 '재일동포'라는 이유 때문에 매를 맞았다는 사실을 알고 나서 엄청난 충격을 받았다.

그는 어린 시절의 아픈 기억들을 이렇게 회상했다.

"모든 재일동포들이 모두 그러하듯이 민족적 차별을 피하기 위해 한국인임을 줄곧 숨겨야 했다. 그렇지만 민족 차별을 느낄수록 공격적이고 도전적인 성격으로 바뀌었다."

그가 회사 임직원들에게 유별나게 강조하는 말 '일등주의'는 이런 성장 경험에서 비롯됐다는 지적이 많다. 공부건 축구건 최고가 돼 차별을 뛰어넘는 게 그의 목표였다. 그런 정신이 손정의를 오늘날 일본의 최고 갑부에 오르게 한 원동력이었다.

03 마법의 전술

성공 확률과 주사위

사업에서는 성공의 확률을 따져 봐야 한다. 성공 확률이 낮을수록 찬스가 온다. 새로운 프로젝트라는 말을 흔히 사용하는데, 이 말은 실패할 가능성이 그만큼 크다는 것을 알아야 한다. 조직 안에서 새로운 프로젝트를 맡고자 하지 않는 것도 바로 그런 이유 때문이다. 이는 성공에 대한 확신을 갖기 어렵다는 인식이 저변에 깔려 있는 탓이다. 성공 확률은 주사위가 쥐고 있다는 것이다.

그는 "세상에 프로젝트 매니저는 없다. 그러나 어떤 CEO는 우리 회사에는 프로젝트 매니저가 많다고 자랑한다. 이는 그 반대임을 고백하는 말"이라고 말한다. 새로운 프로젝트 매니저가 많은 기업이라면 초고속 발전을 거듭해야 할 것이다. 그러나 그런 놀라운 위력을 발휘하는 기업은 거의 없다.

기업은 어느 곳이나 피라미트형 조직으로 이루어져 있기 때문에 제각기 정해진 고유 업무가 있다. 임직원들은 그 틀 안에서 주어진 일을 진행한다. 그런데 프로젝트라는 것이 이론상으로는 존재하는데 실제에서는 기업 조직에 들어 있지 않다는 것이 현실이다.

그래서 '신규 사업 프로젝트'라고 하는 사업을 전담할 파트도 경험 있는 사람도 없는 생소한 분야가 되는 것이다.

소프트뱅크가 2001년에 '야후! BB'라는 이름으로 브로드밴드 사업을 전개할 때도 실패할 것이라고 우려하는 사람들이 상당수였다. 그런 염려는 소프트뱅크 안에 이 사업을 전담할 만한 인력, 물자, 자금, 정보 등의 지원이 전혀 없었던 때문이다.

그런 우려는 비단 소프트뱅크 안에서만 있었던 것이 아니라 경쟁 기업에서도 제기되었다. 그런 예상을 보라는 듯이 처음 4년간은 해마다 100억 엔 정도의 적자를 기록했다.

"나에게는 두려움이 없다. 실패해도 상관없으니 계속하라!"

사실 그때까지 이 파트를 전담할 전문 기술을 지닌 사람은 고작 2명에 불과했다. 그랬던 '야후! BB' 브로드밴드 사업이 5년차로 접어들면서 흑자로 돌아섰다. 그리고 소프트뱅크의 주력 사업으로 떠올랐다.

손정의는 '마법의 승부사'답게 남다른 확신과 열정으로 '야후! BB' 브로드밴드 사업을 진행하여 소프트뱅크의 노른자 사업으로 자리를 굳힌 것이다.

답이 보일 때까지 회의

손정의 업무 스타일은 '오늘 해결이 가능한 일과 내일 이후에 가능한 일을 명확하게 구분'하는 것이다. 먼저 업무 노트에 '오늘 할 일'과 '내일 이후에 할 일'을 적는다. 그런 다음에 구체적인 항목을 차근차근 기록한다. 세부 항목에는 '기존 고객 명단 재정리', '영업 계획의 추진 방향' 같은 내용을 적는 것이다.

이렇게 한 뒤 오늘 할 수 있는 일부터 본격 진행한다. 중요한 과제는 어떤 일이 있어도 오늘 할 일을 내일로 미루지 않는다는 원칙이다. 그래야만 내일 할 일도 수월하게 진행할 수 있다는 것이 그의 소신이다.

손정의는 밤늦게까지 일하는 스타일이다. 혼자서 일하는 것이 아니라 밤늦게까지 회의를 주재하는 것이다. 그렇게 회의를 진행하다가 끝마무리는 "그래! 오늘 가능한 일을 다 했다. 이제 비로소 보이기 시작했어!"라고 한다.

분명한 해답이 나오지 않은 상태인데도 그런 말을 하는 것이다. 이는 자신 있다는 표현이다. 실제로 일이 끝나지 않거나 확신이 서지 않는 한 회의를 마치거나 퇴근하는 일이 없는 스타일이다. 그는 주문한다.

"오늘 할 일과 내일 할 일을 확실하게 구별하라. 결코 일에 지거나 밀리지 마라. 일로 인해 생기는 고민은 일로써 해결하는 것이 최선이다. 일을 더 열성적으로 하라."

04 손정의 성공 비결

성공의 조건

손정의는 소프트뱅크의 사업을 진행할 때 간부들과 철저한 논의를 거쳐 진행한다. 그런 회의에는 회사 밖의 인사들인 은행의 최고급 간부나 다른 기업의 사장단까지도 초빙하여 함께 회의를 연다.

그런 회의에서 손정의는 최종적으로 선택할 수 있는 항목들을 조건으로 내거는데, 그 조건은 '성공의 목표를 달성할 수 있는 항목'이어야 한다는 조건이다. 예를 들면 다음과 같은 조건들이다. 그 항목이 무척 신통하여 장차 창업을 꿈꾸는 사람들에게도 좋은 참고가 될 것이라고 한다.

① 돈을 벌 수 있어야 한다.
② 보람이 있어야 한다.
③ 30년간 꾸준히 성장한다.

④ 소자본으로 할 수 있는 것

⑤ 심플하고 독자적인 것

⑥ 10년 내에 일본에서 최고가 될 수 있는 것

⑦ 사람을 행복하게 할 수 있다.

⑧ 세계로 진출할 수 있어야 한다.

이는 손정의의 투철한 기업적 신념을 보여 주는 대목이다.

자아를 실현하라

누구나 계획을 세우는 일은 할 수 있다. 그러나 계획한 일을 반드시 이루어 내는 실천에는 어려움이 따른다. 기왕이면 인류의 역사에 남을 만한 위업을 달성하고 싶다는 욕망을 품은 손정의의 계획은 처음부터 남다른 면이 있었다.

그는 자기 자신에게 변명하는 것을 무엇보다도 싫어했다. 그런 그의 성격이 자신의 신념을 관철시켜 꿈을 이루어 낸 것이다.

학생 시절에 컴퓨터라는 미지의 세계에 흠뻑 빠진 손정의는 자신의 모든 열정을 오로지 공부에 쏟아부었다. 배운 것은 실천했을 때 비로소 빛을 낸다는 진리를 깨달았다. 그는 참으로 기상천외한 생각을 했다.

손정의가 사람을 대하고 인생을 설계하는 기본은 언제나 정의와 신념, 그리고 인류애에 두고 있다는 점이다. 현실을 있는 그대로 바라보고 생각하며 아이디어를 창출한다. 현실을 외면하거나 잘못된 판단으로 밀고 나아가는 것은 실패를 불러들인다고 믿고 있다. 현실을 바로 보고 나아갈 때 성공의 길로 달려가는 원동력이 생긴다.

여러 사람의 생각과 지혜를 과감하게 수용하고 있다. 어떤 일을 할 때 자신의 생각을 밝히기 전에 먼저 남의 이야기에 귀를 기울인다. 이를 경청이라고 스스로 단정한다. 회사 안의 사람은 물론 사회 각계각층의 다양한 인사들이 모두 경청의 대상이다. 여기에는 지위나 학력 같은 것에 별로 관심을 두지 않는다.

어떤 일의 아이디어가 생기면 그를 추진할 때 미리 점검한 다음에 확신이 서면 시간을 끌면서 심사숙고하지 않고 속전속결의 속도전을 편다. 이는 소프트뱅크의 업무 정신이자 추진력의 바탕이 되고 있다. 물론 위험 요소가 없는 것도 아니다. 모든 일은 추진해야만 열매를 거둘 수 있다는 강한 신념을 가지고 있다. 그는 더 많은 사람의 지혜와 생각을 집약할 때 실패의 확률을 낮출 수 있다고 여긴다.

그는 자기중심이 아니라 문제 중심으로 일을 진행한다. 밤낮없이 일에 매달린다. 그러면서도 사생활도 즐긴다. 사람이나 사물에 대한 생각을 항상 앞서가고 신선하지만 사회 환경이나 문화적인 유행에는 관심을 두지 않는다. 신비로운 체험이나 창의적인 일, 새로운 제품 아이디어에는 항상 관심을 기울인다. 모든 일에 적극적이고 능동적이다.

그는 누구나 예기하지 못한 일에 부딪히게 되는데 그를 풀어나가는 해결의 열쇠는 자기 마음속에 있다고 여긴다. 자아실현의 기회는 자기 스스로의 노력과 마음가짐에 달려 있다고 믿는다. 이를 지혜롭게 풀어나가는 사람은 누구나 큰 사람이 될 수 있고 성공하는 사람이 된다고 강조한다.

05 스트롱맨 기질

확고한 목표 의식

손정의가 성공할 수밖에 없었던 이유를 강한 의지와 투철한 목표 의식을 지닌 스트롱(Strong) 기질이라고 부른다. 그의 스트롱 기질은 다섯 가지로 요약된다.

첫째, 스스로 목표를 정해서 그 목표를 이루기 위해서 노력하고 인내했다.

둘째, 명문 고등학교에 입학하겠다는 목표를 세워서 공부했고 원하는 고등학교에 갔다.

셋째, 미국 유학이라는 목표를 세우고 뜻을 이루었다.

넷째, 사업에 대한 목표를 정하고 그 목표를 이루기 위해서 최선을 다해 실행해 나갔다.

다섯째, 스스로에게 동기부여를 해서 자신의 능력을 꾸준히 발전시켜 나갔다.

손정의는 결정의 순간마다 책을 읽었다. 그는 무엇인가를 결정하기까지는 많은 고민과 계산을 하지만 한번 결정한 뒤에는 되돌아보지 않고 전속력을 다해 앞으로 달려갔다. 이러한 속도전 덕분에 소프트웨어 유통회사였던 소프트뱅크는 초고속 인터넷 회사로 성장하였고, 속도가 생명인 인터넷 세계에서 두각을 나타내면서 '인터넷 왕국'을 세울 수 있었다.

재일교포 3세로 일본 최고의 부자가 되기까지 주변 사람으로부터 많은 질투와 따가운 질시를 받았다. 하지만 손정의는 상생의 정신을 펼침으로써 주변에 많은 지지자를 끌어모을 수 있었다. 절대 적을 만들지 않고 다 같이 잘사는 방법과 비전을 제시한 덕에 많은 협력자를 얻을 수 있었다.

그는 아직 한 번도 적대적 인수 합병을 한 적도 없다. 그는 이러한 점을 장점이자 가장 자랑스러운 것으로 여긴다. 그의 주요 사업 분야는 초고속 인터넷 인프라 구축이다. 이는 주민들의 식수원인 상수도와 이동 통로인 도로처럼 인간에게 가장 필요한 요소라고 강조하고 있다. 이런 점이 일본 사회에서도 인정을 받은 것이다.

그는 그가 거느린 모든 기업이 다 성공하기를 바라지는 않았다. 그 중에 하나라도 야후처럼 성공하면 된다는 생각을 한다. 그러기 위해서는 위험을 감수할 줄 아는 승부사적인 감각이 필요하다고 여긴다.

새로운 디지털 시대

디지털 시대를 리드하는 분야는 하드웨어에서 시작해서 소프트웨어로 넘어갔고 지금은 인터넷이 주도하고 있다. 그리고 그렇게 해서 디지털 시대의 1막이 끝나고 그다음으로 디지털 엔터테인먼트라는 제목으로 2막이 열리는 시대를 맞았다.

손정의가 1막에서는 인터넷이라는 지렛대로 최고가 되었는데 새로운 디지털 시대를 맞아 무엇으로 최고의 승부수를 던질지 벌써부터 흥미롭다.

그는 늘 시대의 선두에 서서 변화를 이끌면서 달려왔다. 그가 움직이는 동작에 따라 늘 새로운 바람이 불었고, 그 바람은 또 다른 물결을 일으켰다. 상상을 초월하는 새로운 혁명의 물결이 출렁거렸고, 많은 사람에게 놀라움을 안겨주는 감동의 물결이었다.

그의 의지는 야망의 불꽃으로 피어올랐다. 강한 의지가 야망을 불태웠고 그 열기가 사업 번창으로 이어졌다.

자기가 추구하는 목표가 분명하기 때문에 다른 사람이 뭐라고 하여도 개의치 않고 스스로를 믿고 강력하게 추진하였다. 그는 어려움도 슬기롭게 헤쳐 나가고 고난이 다가와도 결코 좌절하거나 피하려고 하지 않고 정면 돌파로 극복하였다. 어떠한 고난에도 자신의 뜻을 굽히지 않는 저돌적이었다. 그만큼 승부욕이 강한 CEO이다.

손정의는 부정적인 상황을 어떻게든 긍정적으로 바꾸려는 의지가 매우 강하다. 이는 그의 일생에서 끊임없이 관철되어 온 삶의 철학이자 인생의 나침반이 되고 있다.

"나에게 사업이란 사람들이 보다 편하게 생활 수 있도록 도와주자는 것이다. 이는 사회적인 인프라를 구축하는 일이다. 그리고 마침내는 사회의 구조를 바꾸는 것이다."

그의 말처럼 사업 그 자체가 바로 손정의가 세상을 살면서 사업을 전개하는 보람이자 삶의 기쁨이며, 아무도 생각 못 한 최첨단의 획기적인 사업을 벌이면서 얻는 즐거움인가 보다. 이것은 그에게 무엇과도 바꿀 수 없는 소중한 것, 가슴 뛰는 일인지 모른다.

손정의의 리더십은 도중에 어떤 난관이 있더라도 상관없이 끌고 가려는 의지의 리더십이다. 항해하는 선박이 풍랑과 싸우면서 줄기차게 항해하여 마침내 목적지에 도달하는 것처럼 말이다. 그는 인기에 연연하는 리더가 아니라 사람들을 단번에 휘어잡을 수 있는 힘을 지닌 리더이다. 그는 늘 이렇게 강조한다.

"그저 부드럽기만 한 사람은 새로운 일을 강력하게 추진하기가 어렵다. 사업에서 그런 리더십은 아무 소용이 없다. 인기에 연연하지 않는 강한 리더십이 필요하다."

그가 "이 나라를 통째로 깨끗이 씻어 버리고 싶다."라고 큰소리친 사카모토 료마를 존경하는 것도 다분히 스트롱맨 기질에서 나온 것이다.

료마처럼 크나큰 포부를 가슴속에 품어야 큰일을 할 수 있다는 것이다. 손정의 역시 크나큰 포부를 가슴속에 품고 있다. 현대는 능력 우선의 사회이다. 공정하고 자유로우며 도전적 의지가 강한 사람들은 누구나 새로운 일에 도전할 수 있는 기회가 주어진다고 손정의는 강조한다. 그는 누구나 즐겁게 일하고 신나는 삶을 보낼 수 있는 사회야말로 바람직한 사회라고 여기는 기업인이다.

그는 거대한 목표를 설정하고 빈틈없는 계획을 수립하여 마스터 플랜에 따라 그 목표물을 이룩하려는 노력이 필요하다고 말한다. 목표를 이룩하고 완성시키기 위해서는 '자기가 한 말을 행동으로 반드시 옮기는 실천가가 되어야 한다. 확고한 목표와 비전, 전략 세 가지가 사업 성공의 열쇠라고 그는 강조한다.

성공의 탑 쌓기

그렇다면 승리의 열매를 언제 거둘 수 있을까? 이에 대한 그의 생각은 매우 분명하다.

"하나씩 차근차근 쌓아 가야 한다. 어느 순간에 몰아치는 속도전은 곤란하다. 일시적으로 어느 부분에서 성공을 거두거나 결과가 좋았다 해도 얼마 지나지 않아 다른 문제가 터지는 것이 일반적인 사례이다. 참다운 성공은 상당히 긴 터널 속을 끈기 있게 헤쳐 나가는 인내의 여정이라고 할 수 있다. 그러므로 한 단계씩 차근차근 성장해 나가는 길밖에 없다. 조그마한 승리를 이룩했다면 그 승리를 어떻게 키워 가야 할지를 고민하는 지혜가 필요하다. 완벽한 승리를 거둘 때까지 방심은 절대 금물이다."

물론 지혜로운 사람이 우둔한 사람보다는 낫다. 그렇다고 지혜롭기만 해서는 안 된다. 우직할 정도로 한 우물을 팔 줄 아는 근성이 없으면 큰 인물이 될 수 없다는 것이다.

손정의는 과묵한 할아버지와 달리 늘 밝고 긍정적이었으며, 자신의 삶에 대한 강한 자부심을 가진 아버지를 많이 닮았다. 보통 사람과는 뭔가 다른 삶을 살아가는 데 가치를 두었던 아버지, 이러한 경향이 아들 손정의에게 영향을 주었다. 아무리 사소한 일이라도 독특한 방식으로 처리하는 창조적인 아버지의 적성이 아들에게 그대로 유전되었다. 아버지는 늘 정의롭게 살아가라는 희망을 담아 그에게 '정의(正義)'라는 이름을 지어 준 것이다.

사실 아버지는 아들이 공부보다는 조립이나 그림 그리는 것을 좋아했다. 그래서 한때는 화가가 되라고 권유하였다. 창의력이 풍부한 아들을 보고 아버지는 늘 침이 마르도록 칭찬을 했다. 아버지는 기회가 있을 때마다 아들에게 이런 말을 했다.

"너를 보고 있자니 네가 천재일지도 모른다는 생각이 든다. 아마도 너는 일본에서 최고가 될 것이고 반드시 위대한 인물이 될 거야."

손정의는 아버지의 말처럼 스스로 천재 의식을 가졌는지 모른다.

"그래! 나는 마음만 먹으면 뭐든지 할 수 있어. 남들보다 훨씬 뛰어난 일을 할 수 있을 거야. 나는 정말로 천재인지도 몰라."

06 큰 꿈을 지닌 승부사

성공의 열쇠는 근면

손정의는 큰 꿈을 지닌 승부사이다. 누구나 가지고 있지만, 그 꿈을 실현하는 데는 남다른 재능과 집념이 필요하다. 손정의는 어떤 위험이 도사리고 있어도 자신의 꿈에 도전하는 자세는 매우 독특하다. 그런 자세는 이미 버클리대학 학생 시절부터 싹트고 자랐다.

그는 비즈니스에 있어서 '시간은 곧 돈'이라는 예리한 사고를 지니고 있다. 뛰어난 사업가가 되기 위해서는 늘 명쾌하고도 냉정한 계산이 필요했던 것이다. 그런 의지는 발빠른 행동으로 이어진다.

기업인들은 "손정의는 남들과 다른 특별한 능력이 두 가지 있다."라고 말한다. 하나는 문제의 본질을 꿰뚫어 보는 능력인데, 재빨리 본질을 파악해서 최대한 신속하게 대처하는 것이고, 다른 하나는 믿을 수 없을 정도로 열심히 일한다는 것이다. 그가 한 번 일을 시작하면 끝장을 본다는 것이 다르다.

그는 지구촌 어딘가에 노다지가 있다고 생각한다. 두 눈을 크게 뜨고 살피면 반드시 찬스가 있음을 발견하게 되고, 행운이 기다리고 있다고 믿는다. 청춘의 야망을 마음껏 펼칠 수 있는 기회가 바로 눈앞에 놓여 있다는 것이다.

그는 사업이 너무나도 재미있다. 자신의 실력을 마음껏 뽐낼 수 있기 때문이다. 비즈니스 세계는 생각하는 것처럼 호락호락하지 않다고 강조한다. 냉정한 판단이 필요하나. 그는 야망을 단순한 공상 속에 가둬 두지 않고 생각 밖으로 끌어내어 현실화시킨다. 그는 사업적 감각이 남 다르다.

"돈을 벌지 못하면 사업하는 의미가 없다. 선택한 사업이 앞으로 꾸준히 성장할 것으로 판단되는가. 앞으로 50년 이상 그 일에 몰두할 수 있는가. 자본이 너무 많이 필요한 사업은 안 된다. 젊을 때 적극적으로 도전하라. 아무도 생각하지 못한 독특한 사업을 하면 장차 반드시 그룹사의 핵심이 된다. 10년 이내에 적어도 정상의 자리에 오른다는 야망을 지녀라. 사업 성공의 열쇠는 바로 많은 사람을 행복하게 하는 것이다. 20세기 후반은 그 어느 때보다 세계를 향해 도약하기 쉬운 시대이다."

고정관념을 깨라

그는 24세 젊은 나이, 돈키호테 기질로 노련한 다나베의 고정관념을 깨부수는 매력을 발산하였다. 그 매력이 오늘의 소프트뱅크를 만들어 냈다. 그때 그가 지녔던 꿈은 다가오는 컴퓨터 시대에 대한 열정이 전부였다. 불타는 열정과 성공에 대한 확신 그것뿐이었다.

그는 자신의 능력을 신뢰하고 늘 앞을 내다보며 행동했다. 자신에게 다가오는 운을 놓치지 않았다. 그는 아날로그의 감성을 가진 디지털 인간이었다. 하지만 그에게도 고민이 따랐다.

"인생이란 무엇인가? 도대체 내가 무엇을 위해 살아가고 있는 것일까? 자신과 가족만을 위하는 삶에서 한 걸음 더 나아가 인류 사회에 기여하는 삶을 살 수는 없는 것일까?"

손정의는 사업에 관해서는 늘 주도면밀하고 무척 신중하게 대응하였다. 하지만 일단 결정한 일은 절대 포기하지 않았다. 또 일단 맺은 협약에 대해서는 상대방에게 전폭적인 신뢰를 보냈다. 이는 손정의의 장점이자 동시에 약점이었다.

그는 엄청난 폭발력을 가끔 보여 주었다. 끝을 알 수 없는 에너지를 품고 있다. 손정의는 무슨 일이든 열정적으로 목숨을 걸고 해왔다. 도전을 결코 두려워하지 않는다. 그는 기업가가 지녀야 할 정신을 이렇게 설명했다.

"어떠한 곤경에 처하더라도 결코 이성을 잃지 말 것. 언제 뛰어들고 언제 물러날 것인지를 정확히 판단할 것. 비즈니스에서의 소중한 전술, 전략을 체득함은 물론 무엇으로도 바꿀 수 없는 신용을 지닐 것."

실패를 실패로 끝내지 않는 것이 손정의의 가장 큰 강점이다. 그는 성공의 열쇠는 실패 속에 숨겨져 있다. 눈앞의 이익만을 추구하다가는 결코 큰 이익을 얻을 수 없다고 강조한다.

"계획이라는 것은 참신한 나눗셈이어야 한다. 어디까지나 중요한 것은 결과다."

손정의는 '자기가 부족한 부분이 무엇인지를 확실히 파악하는 것'이야말로 공부의 본질이라고 생각했다. 그의 좌우명은 바로 '어떤 일이든 자기 스스로 개척한다'는 것이다.

"나는 보통 사람 이상으로 모든 일에 신중하고 철저할 수 있다. 그러나 할 일을 결정하면 불도저처럼 밀어붙인다. 일을 통해 새로운 창조를 해내려는 의지가 강하다."

그가 청소년 시절부터 다져온 집념이다. 그 의지가 바로 높은 의욕으로 발전한다. 그 높은 의욕은 바로 자신감이자 성취욕으로 자신이 구축하는 인터넷 왕국의 바탕이 되고, 소프트뱅크 사업의 초석이 되었다. 그리고 한걸음 더 나아가 사회 공헌이라는 원대한 꿈의 날개가 되어 활활 타오르고 있는 것이다.

그는 이처럼 대담한 성격을 지닌 반면, 한편으로는 세세한 숫자까지 따지는 섬세함도 지녔다. 이 두 가지를 잘 조화시킬 수 있는 사람은 매우 드물다.

용기 있는 사람, 의욕이 넘치는 사람은 어떤 일에나 힘차고 결코 멈추거나 뒷걸음치지 않는다. 검푸른 바다 위에서 힘차게 솟아올라 이글거리며 불타오르는 태양처럼 섬광을 발산한다. 그에게는 생각이 곧 계획이고 말이 곧 행동이다. 계획은 실천을 의미하고 말은 생각을 구체화시킨다.

그가 꿈꾸는 일들은 소프트뱅크라는 거대한 선박을 통해 바다로 나아간다. 허황된 망상이 아니라 살아 있어서 생기가 넘치는 이상이다. 그가 꿈꾸는 아이디어는 정체를 반드시 드러내어 현실로 만들어 보여 주고 확인시켜 주는 용광로이다. 그는 매 순간 최선을 다하는 집념의 싱크탱크이다.

07 어릴 적 고생은 스승

무에서 유를 창조

손정의의 명언 가운데 "싸우기 전에 이겨라!"라는 말이 있다. 싸우지 않고 이긴다고 과연 그럴 수가 있을까. 싸움은 상대와의 대결이고 승리는 반드시 이길 때 오는 결과이다. 이 전법은 싸우기 전에 이긴다는 필승 전략으로 상품력을 높여 시장을 선점한다는 작전이다.

그가 싸우지 않고 이기는 전술은 미국의 1위 기업과 제휴하여 조인트 벤처를 만드는 방식이다. 대표적인 성공 사례가 야후 재팬이다. 그는 미국의 유력 벤처 상품이었던 야후를 수입하여 야후 재팬으로 바꾸어 사업을 시작했다. 초기에는 엄청 손해를 보았지만 끈질기게 밀어붙인 끝에 소프트뱅크의 최대 효자 상품으로 키워냈다.

어떤 사람이 사업에서 성공하면 사람들은 흔히 무(無)에서 유(有)를 창조하였다고 말한다. 손정의가 바로 그런 대상이 되었다. 일반적으로 벤처기업들은 특정 분야에서 매우 우수한 기술력을 발휘하면서 엄청난 파워력을 가지는 것이 특징이다. 여기에는 기존의 회사 업무 형태에 얽매이지 않고 과감하게 탈출하려는 승부욕이 강해야 한다.

그래서 처음에 대기업에 취직한 경우라면 벤처기업이나 창업에 대한 꿈도 꾸지 말라는 말이 있다. 사고(思考)의 개념과 틀이 다르기 때문에 성공할 가능성이 거의 없다는 말이다.

일하는 이유

소프트뱅크 손정의는 '걸어 다니는 은행'으로 불린다. 움직일수록, 또 시간이 지날수록 돈이 저절로 늘어난다 하여 그렇게 부른다. 사업이 번창하면서 날마다 저절로 자산이 커진다. 그는 지금 한 사람이 태어나서 죽을 때까지 평생을 두고 물 쓰듯 써도 다 쓰지 못할 만큼 엄청난 부(富)를 축적하고 명예도 얻은 슈퍼 갑부 행운아다.

사람은 왜 일을 하는가? 어느 정도 재산을 모았으면 임대사업을 하면서 여생을 편하게 보낼 수도 있다고 생각하는 것이 일반적이다. 그러나 그는 그런 생각을 하지 않는다. 그는 "일하는 것 자체가 신(神)이 인간에게 부여한 벌"이라고 여긴다. 그래서 그 벌을 사하기 위해서 죽을 때까지 일할 수밖에 없는 운명이라고 스스로에게 말한다.

그는 일하는 것 자체가 수양의 길이라고 강조한다. 이러한 사고 개념이 소프트뱅크를 운영하는 기본 방식으로 고스란히 투입된다.

그는 어려서부터 남다른 생각을 가진 명석한 아이였다. 너무나 가난했던 어린 시절, 그는 "어릴 때 고생은 돈을 주고라도 배워라!"라는 옛 말을 가슴에 새기며 자랐다.

그가 어린 시절에 보여준 기업가적 일화가 있다. 아버지가 찻집을 차렸다. 골목 안쪽이라 찾아오는 손님이 별로 없었다. 아버지는 아들에게 걱정을 털어놓았다.

"애야! 손님이 거의 없으니 어쩌면 좋으냐?"

"아버지! 오전에 오는 손님들에게 공짜 커피 쿠폰을 한 장씩 선사하면 어떨까요?"

"그것도 한두 푼이 아닐 텐데…."

아버지는 아들의 말에 따라 무료 커피 쿠폰을 나누어 주었다. 그러자 손님들이 늘어나면서 유명한 찻집이 되었다. 아버지는 무료 커피 쿠폰을 나눠 주면 수입이 그만큼 줄어들 것으로 여겼는데 그렇지 않았다. 오히려 모닝커피까지 주문하면서 수입이 증가했다는 일화이다.

08 연극 같은 결혼식

결혼식 날의 일화

손정의의 결혼식 이야기는 연극 같은 인기 드라마의 한 장면과도 같다. 첫 번째 결혼식은 신랑인 그가 지각하는 바람에 주례가 식장을 떠나 올리지 못하고 결혼식 날짜를 뒤로 미루었다.

결혼식은 버클리 법원에서 일본인 여자인 우미와 혼례를 올리기로 약속했다. 결혼식 날짜와 시간을 정해 놓고도 음성인식 자동번역기를 개발하는 일에 빠져 있었던 신랑 손정의는 결혼식 약속 시간마저 깜빡 잊었다.

"아니, 신랑이 안 오네?"

주례를 보기로 한 판사는 신랑 손정의가 예정된 시간에 나타나지 않아 이상하다는 표정으로 신부에게 사정을 물어보았다. 그러나 신부도 그 이유를 알 수가 없기는 마찬가지였다.

"할 수 없군! 오늘 결혼식 주례를 볼 수 없다."

주례를 볼 판사는 자기가 맡은 재판 시간이 가까워지자 자리를 떠나고 말았다. 그런 뒤에 헐레벌떡거리며 신랑이 결혼식장인 재판소로 달려왔다.

"아니? 왜 늦었죠?"

신부는 어이없다는 표정으로 물었다.

"응! 일이 바빠서……."

"뭐요? 결혼식보다 더 중요한 일이 있어요?"

그러나 주례가 자리를 뜬 뒤라 첫 번째 결혼식은 올리지 못하고 말았던 것이다. 결혼식을 일주일 후에 다시 올리기로 약속했다. 그런데 이날도 역시 손정의는 일에 빠져서 지각을 하게 되자, 법원 관계자에게 사정 이야기를 하고 담당자의 이해를 얻어 결혼식을 무사히 올릴 수 있었다.

미국에서는 결혼식에 반드시 증인이 있어야 하는데 증인도 준비 못 한 손정의는 할 수 없이 법원 경비원에게 증인을 부탁해서 겨우 결혼식을 치른 것이다.

손정의 부인은 결혼 후에도 음성인식 자동번역기를 개발하는 일에 빠진 남편 때문에 무척 신경을 쓰면서 남편에게 주의를 기울였다.

소설 같은 순애보

손정의가 아내에 대해 헌신적인 사랑을 쏟은 일화는 마치 소설과도 같다.

그는 영어 공부를 하는 학원에서 두 살 연상의 일본인 아내 우미 마사미를 만났다. 처음 보는 순간 첫눈에 반했다. 이때 그는 장차 우미 마사미와 결혼하겠다는 결심을 하고 연정의 마음을 품었다.

우미에게 완전히 반해 버려서 홀리네임즈 칼리지의 학생이었던 우미와 같은 대학으로 진학할 정도였다. 대학 재학 중 두 살 연상의 우미 마사미와 미국 법원에서 결혼식을 올렸다.

손정의는 하루라도 빨리 여자 친구인 우미 마사미와 함께 학교를 다니기 위해서 월반을 거듭하고, 고등학교를 조기 졸업했다. 애인을 위해서 자신의 역량과 능력을 최대한 발휘한 원동력은 바로 사랑의 힘이었다.

신혼여행을 떠나는 중 언론 재벌인 윌리엄 허스트의 대저택을 보고 아내인 우미 마사미에게 '저런 호화로운 집에서 살게 해주겠다'고 약속했다. 그 뒤 야후 재팬과 소프트뱅크 등의 성공으로 그 말은 현실이 되었다.

성공한 뒤에 960평이나 되는 땅에 40억 엔을 들여서 3층짜리 초호화 저택을 지었다. 그러자 엄청난 저택에서 너무 사치스러운 생활을 한다는 언론의 비난이 쏟아졌다.

아내와 가족을 더욱 사랑하는 손정의는 이를 개의치 않았다. 무엇보다 아내와의 약속을 지키고 아내를 보다 행복하게 해줄 수 있다는 것에 만족했다. 일밖에 모르는 손정의지만 일보다는 아내, 가족이 최우선이었고 아내 역시 남편을 헌신적으로 내조하며 지금의 손마사요시를 만들어 냈다.

손정의는 일본 사회에 다양한 기부 활동을 하고 있고, 일본 경제발전에 많은 노력을 하고 있기 때문에 모든 이들의 존경을 받는 인물이다.

손자를 사랑한 할아버지의 마음 또한 애처롭고도 아름답다. 할아버지는 서른다섯 살이 된 손자가 집 한 칸도 없는 것을 무척 걱정했던 것으로 알려졌다.

그러나 손정의는 서른아홉 살에 집을 장만하였는데 일본 잡지에 실릴 정도로 큰 저택을 마련해 화제가 되었다. 손정의가 크고도 호화스런 저택을 마련한 데는 이유가 있다. 그 이유는 일본에서 어린 시절에 조센징이라고 놀림과 비난받을 것을 보복하려는 뜻이 아니라, 신혼여행 때 아내에게 한 약속이었다.

06

배움의 자세

01 당당한 도전

당당하게 맞서라

"만약에 실패하면 어쩌지?"

창업을 생각하는 사람들 가운데는 일을 시작하기 전에 겁부터 먹는 경우가 있다. 막상 도전하겠다고 생각을 하니 실패할지도 모른다는 느낌이 들어 두렵다는 것이다. 일을 시작도 하지 않았는데 실패를 걱정한다는 것은 쓸데없는 일이다. 이런 고민은 우리 주변에서 늘 일어난다.

실패는 누구에게나 올 수 있는 일이고 또 두려움의 대상이 되기도 한다. "만일 영어를 잘하지 못하는데 외국인이 길을 묻는다면 뭐라고 대답해야 하나?", "수영을 잘하지 못하는데 수영장에서 폼을 내다가 망신당하지 않을까?" 이런저런 생각을 하는 사람들이 주변에는 많다.

그러나 손정의는 당당하게 맞서라고 강조했다. "도전하는 정신이 필요하다. 도전하지 않고 이룰 수 있는 일은 이 세상에 아무것도 없다. 도전은 당당하다."라는 것이 그의 생각이다.

그는 이런 쓸데없는 고민에서 벗어나는 일은 빠를수록 좋다고 말했다. 그런 고민은 일을 진행하는 데에 걸림돌이 될 뿐 아무 도움도 없다는 것이다.

손정의의 업무 스타일은 어떤 일이 생각나거나 일이 생기면 즉시 하겠다고 빨리 결정하고 추진하는 것이다. 어떤 아이디어가 떠올랐을 때 이를 즉시 메모하고 다시 점검한 뒤 좋은 아이디어라고 판단되면 빨리 결정하고 실천에 옮기는 일이 중요하다는 것이 그의 경영 철학이다.

그는 판단을 미루고 이리저리 생각을 하다 보면 처음 생각하였던 것이 흐려지면서 오히려 실패에 대한 두려움이 커지고 일에 대한 부정적인 마음이 생긴다고 강조했다.

그는 "사람은 누구나 무의식의 지배를 받는다."라는 말을 즐겨 사용한다. 이 말은 인간은 시간이 흐름에 따라 발생하는 위험 부담도 커진다는 이론에 따른 것이다. 예를 들면 수학여행을 간다거나 해외여행을 간다고 할 때 2~3일 전에 가지고 갈 물품을 준비를 하는 사람도 있고, 1주일 또는 열흘 전부터 서두르는 사람도 있다.

그러나 완벽한 준비는 여행을 떠나기 2~3일 전에 하는 것이 가장 이상적이다. 이런 일은 해외여행을 해본 사람들이 흔히 말하는 경험담이다. 처음에 해외여행을 떠날 때는 마냥 즐겁고 흥분되는 것이 보통이다. 그러다가도 막상 출발하는 날이 되면 우왕좌왕 서두르는 것이 우리들이다. 막상 무엇무엇을 준비해야지 하고 여행용 가방을 챙기지만, 여행을 떠난 뒤에 가방을 열면 무엇인가 빠진 것을 느끼게 된다. 손정의는 "나도 그런 사람 중의 한 명이다."라고 솔직하게 말했다.

사업에서도 이와 마찬가지이다. 어떤 일을 처음 시작한다는 것은 가슴 뛰고 흥분되는 일이다. 과연 이 일이 성공할 것인가? 실패하면 어쩌지? 하는 걱정이 없을 수 없다. 이런 생각을 한다는 것 자체가 자신감이 없거나 의욕을 잃게 되는 암적 요소로 작용할 수 있다.

결단력은 빠를수록 좋다

손정의는 결단력이 매우 빠른 CEO로 유명하다. 그런 예는 그가 밝힌 사례로서 충분히 드러났다.

"에너지 효율 등급이 높은 에어컨으로 교체하라는 이야기를 들었다. 그런데 그 비용이 100만 원이라고 한다. 100만 원? 적은 금액이 아닌데…… 하고 머뭇거렸다. 그리고 계산해 보았다. 그 에어컨으로 교체하면 매년 전기료가 25만 원씩 절감된다는 것이다. 그러나 이런 사실을 알고도 당장 100만 원이라는 현금이 들어가야 한다는 것이 고민이다. 그래서 용단을 내지 못하고 머뭇거린다.

새로운 신형 에어컨을 사용한다면, 매년 25만 원씩 절감되므로

25만 원×4년＝100만 원이라 4년만 사용하면 투자 금액을 뽑는다는 계산이 성립된다. 하지만 당장 들어가야 하는 100만 원 때문에 결정을 주저하게 된다. 이는 미래에 대한 이익보다는 당장 눈앞의 현실만을 생각하기 때문이다. 그게 보통 사람들이다. 그런 생각으로는 발전이나 성공의 템포가 느릴 수밖에 없다."

이처럼 보통 사람들은 누구나 현실적인 여건의 지배를 받는다. 그러나 앞을 내다보는 사람은 어떤 일, 좋은 아이디어가 생기면 즉시 하겠다는 판단을 내린다. 그럴수록 시간 투자가 많아지면서 위험 부담을 덜고 그런 걱정으로부터 자유로울 수가 있다. 반대로 즉시 결정을 못 하고 미적거리다 보면 시간이 흐를수록 고민만 깊어지고 위험 부담은 더 커지면서 실패할 확률이 늘어날 뿐이라는 것이 손정의식 계산법이다.

02 성공학 원론

도전을 즐겨라

"도전을 즐기는 사람이 성공한다."

손정의의 성공학 원론이다. 그는 자신의 사업 구상 원론을 예로 들었다.

"먼저 주제를 정한 뒤에 이에 따라 하고 싶은 방안을 3가지씩 방향을 제시하고 슬라이드를 만든다. 그런 다음 슬라이드별로 중요한 메시지를 하나씩 적는다. 중복된 것은 하나로 정리하고 부족한 내용은 보충한다. 이렇게 해서 최종적으로 가장 빈도수가 많은 것 3가지를 선택한다. 그런 뒤에 이를 설명하는데 3분의 시간이 걸린다. 그 3분이면 충분하다. 3가지를 한 번씩 반복한다고 해도 9분이면 되기 때문에 시간적 부담이 없다. 이렇게 하다 보면 어떤 일도 쉽고 빠르게 진행할 수 있다."

사실 그는 어떤 일을 구상하다는 데에 전체를 모두 하나의 틀 안에 넣으려고 하지 않는다. 전체를 한 덩어리로 만들려고 하다 보면 100% 실패하고 만다는 것이 그의 경험이다. 그렇게 하다 보면 누구나 '나도 할 수 있다'는 자신감이 생길 수 있다고 그는 강조했다.

그는 어떤 일을 처음 구상할 때마다 무작정 뛰어들지 않고 차분하게 생각하고 면밀하게 계획하며 철저하게 점검한다. 슬라이드를 통해 3분씩 발표하고 조정하는 기법으로 불확실한 요소를 최대한 줄이고 조정한다. 그렇게 하면 어떤 일이나 당연히 성공한다는 자신감을 가지게 된다. 그런 자신감은 바로 성공의 열쇠이다.

자신감에 넘쳐 있는 사람, 그런 사람은 어떤 분야에나 두려워하지 않고 도전한다. 도전 그 자체를 즐기게 된다는 것이고, 그 도전은 당연히 성공으로 이어질 가능성이 높다는 것이다. 이런 방법을 손정의는 '싸우지 않고 승리하는 전술'이라고 정의했다.

특이한 사항은 손정의의 주제 설정에는 미리 준비하는 원고가 없다는 것이다. 이를 그는 "내 프레젠테이션에는 원고가 없다."라는 말로 설명한다. 이는 곧 직접 슬라이드를 만들고 자신의 생각을 슬라이드를 통해 다시 정리하고 확인하기 때문에 사전에 준비하는 원고가 필요 없다는 이야기이다.

손정의는 두려움 없이 도전하는 요령을 다음 3가지로 밝혔다.

첫째, 도전을 빨리 결정한다.
둘째, 단위별로 철저하게 준비한다.
셋째, 결정된 사실을 선언한다.

성공한다는 신념

소프트뱅크가 성공할 수 있었던 배경에는 "먼저 성과를 보여 준다."라는 전략을 실천한 것이다. 그는 소프트웨어 유통으로 사업을 시작하였다. 이는 소프트웨어를 만드는 회사와 가전제품 매장을 연결해 주는 일이었다. 처음에는 시원한 매출 아이템이 없었으므로 이익도 신통치 못했다. 배달 택배업체나 마찬가지일 뿐, 소프트뱅크의 실력을 보여 줄 만한 대표적 브랜드가 없었던 것이다.

그는 이 문제를 해결하기 위해 당시 가장 인기 있는 게임 소프트웨어 제작 회사인 허드슨을 찾아갔다. 여기서 뛰어난 설득력을 발휘하여 5,000만 엔의 거금을 주고 독점 판매권을 따냈다. 그다음에는 가전제품 매장 가운데 최대 규모의 판매력을 자랑하는 조신전기와 납품 계약을 맺었다. 이 과정에서 그가 영어로 강조한 말, 뛰어난 웅변술 같은 말이 있다.

"This is Proven Success!"

'성공이 증명된 사례'라는 뜻이다. 성공이 증명되었기 때문에 손정의가 하려는 새로운 사업도 당연히 성공한다는 것을 강조하는 의미를 담고 있다. 그가 한 이 말은 미국에서 성공한 비즈니스 모델을 일본으로 들여올 때에 많이 사용하는 명문구가 되었다.

그때 손정의는 "작은 일이라도 확실하게 진행해서 성과를 만들어 내면 더 큰 일도 진행할 수 있다."라는 신념을 보여 주고 실천하여 오늘의 소프트뱅크를 만들어 낸 것이다.

비전은 아름다운 꽃

손정의 소프트뱅크 회장은 "비전은 아름다운 꽃이다."라고 말했다. 이 말을 통해 그의 탁월한 기업가적인 안목과 지혜로운 참모습을 다시 느끼게 하였다. 그는 일본에서는 창업의 천재로 이미 유명해진 인물이다.

"손정의가 매력적인 인물로 우리에게 다가오는 이유는 무엇일까?"

소프트뱅크 CEO라는 것 말고도 또 다른 이유는 그가 재일교포라는 것과 대한민국 사람임을 잊지 않으려고 하는 그의 애국심과 민족정신 때문이다. 그리고 승승장구하면서 기업을 발전시켜 일본 최고의 슈퍼 갑부로 우뚝 섰다는 것이다.

오늘날 우리 사회에서 성공 신화를 쓴 사람들의 이야기는 방송과 신문 등에서 크게 다루어진다. 감동적인 성공 신화를 이룩하기까지 굴곡진 삶을 살았기 때문에 그 이야기를 세상 사람들이 알고 싶어 한다. 인기 드라마의 가공적인 성공담보다는 살아 있는 실제 주인공이기 때문이다.

이런 현상은 흔히 영웅을 우러러 보던 옛날의 모습과 크게 다르지 않다. 소프트뱅크 손정의 회장이 바로 그런 대상의 인물이다. 인기 드라마 속의 가공적인 성공담을 단숨에 뛰어넘는 성공담을 충분히 가지고 있기에 그의 삶과 성공담에 많은 사람이 귀를 기울이고 관심을 자아내는 것이다.

어린 시절에 선생님이 되겠다고 꿈을 꾸던 소년, 손정의는 한국인은 일본에서 교사가 될 수 없다는 냉혹함에 교사의 꿈을 접고 사업가로 크게 성공하면서 일본에서는 IT 산업계의 최고 부자로 떠올랐다.

손정의는 민족 차별이 극심한 일본에서 보란 듯이 스스로 사업가로 성공하여 일본이 자행하는 민족 차별의 노골적인 심각성을 보여준 인물이다. 그의 당당함과 남다른 강한 의지는 한국인의 기질을 일본인들에게 유감없이 통쾌하게 전달한 것이다.

대한민국의 자랑스러운 아들임을 보여주는데 그친 것이 아니라, 일본의 청소년과 대학생들의 우상이 되고 일본 청년들의 창업 모델이 되었다.

03 실패는 성공의 열쇠

자신의 운명을 걸라

"실패는 성공의 열쇠이다. 실패해도 절대 포기하지 마라. 실패해도 포기할 수 없는 비즈니스가 기업을 구제하는 바탕이다."

손정의의 경영 원론이다. 그는 창업을 준비하는 보통 사람들로부터 많은 질문을 받는다고 털어놓았다. 그 가운데 대표적인 질문은 이렇다.

"앞으로 어떤 일을 하는 것이 좋을까? 창업을 하려는데 어떤 분야를 공략해야 성공할까? 어떤 사업을 할까? 그러나 이런 질문에 대해 '이런 것이다'라고 대답할 수 없다."

그는 "초청 강연 때마다 이런 질문을 받는다. 그럴 때마다 참으로 괴롭다. 그런 질문에 대해 '구체적으로 이런 사업을 하라' 또는 '이런 분야가 유망하다'라고 말할 수 없다. 그런 질문에 대한 정답을 모르기 때문이다. 간단하게 대답할 수 있다면 누구나 기업인이 되고 성공할 수 있다는 이야기나 마찬가지이다. 만약에 내 말을 듣고 창업한 청년이 사업에 실패한다면 그 책임은 고스란히 나에게 돌아오게 될 것이 뻔하다."라고 말했다.

창업은 각자 개개인의 생각과 추진력, 그리고 열성에 따라 성공과 실패가 좌우되는 일이다. 그 때문에 사업은 자신의 생각에 따라 인생을 걸고 하는 일이다. 그래서 사업은 본인 스스로가 선택하고 결정하는 것이다.

경쟁에서 이겨라

소프트뱅크라는 글로벌 기업의 총수로 일본 최고의 부자가 된 손정의도 여러 사업에서 많은 실패를 경험했다. 그럴 때마다 좌절도 많이 했다. 지금 막강한 파워를 자랑하는 소프트뱅크도 실패를 극복하고 일궈낸 기업이다.

기업의 천재, 아니 귀재라는 평가를 받고 있는 손정의라고 해서 손대는 일마다 반드시 성공한다는 보장은 없다. 그런 공식도 법칙도 없는 것이다. 어떤 의미에서는 손정의가 지난날 겪었던 사업 실패도 당연한 코스인지 모른다. 성공의 방법을 알지 못했기 때문이다.

"개구리는 엄청난 알을 낳는다. 그러나 그 엄청난 알에서 개구리가 되고 자라서 어미 개구리가 되는 것은 고작 몇 마리뿐이다."

손정의가 늘 강조하는 말이다. 이 말은 어떤 사업이든 성공의 확률은 매우 낮다는 경고이다. 다만 이처럼 성공 확률을 높게 끌어 올리려는 힘, 그 방도를 알고 있는 지혜가 필요하다. 그 방도를 설명하는 교과서도 없고, 경영학 사전도 없다. 본인 스스로가 깨닫고 터득하는 것뿐이다.

소프트뱅크가 엄청난 경쟁 사회 속에서 성장을 계속할 수 있었던 저력은 실패를 무릅쓰고 긍정적으로 도전하면서 고객들에게 한 걸음 더 가까이 다가섰다는 것이다.

그는 사업가에게는 오뚝이 정신이 필요하다고 강조했다.

"사업을 하고 싶다면, 실패하지 않고 성공하는 사업인이 되라. 그리고 아무리 실패해도 좌절하지 않고 평생 도전할 수 있는 사업, 일류에게 봉사할 수 있는 가치 있는 것을 찾아라. 그러면 경쟁에서 이길 수 있고 성공을 이룩할 수 있다."

04 시간은 공평하다

발전의 무기는 생산성

흔히 사람들은 말하기를 "할 일은 많은데 시간이 없다."라고 한다. 참으로 어리석은 이야기다. 세상에 시계는 엄청 많다. 그러나 시계의 숫자판은 모두 12 아니면 24로 통일되어 있다. 이는 국제적 규약에 따라 하루 24시를 편의상 12 또는 24로 구분한 것일 뿐, 그 이상도 그 이하도 아니다. 어떤 시계도 하루 24시간을 넘을 수도, 단축할 수도 없다.

"그런데 시간이 없다고?" 이런 말을 하는 사람에게는 하루가 30시간, 또는 40시간이라고 해도 마찬가지이다. 시간을 활용하거나 효과적으로 운용할 능력이 없는 사람이기 때문이다.

하루 24시간은 지구촌 사람들에게 모두 적용되는 국제적 통일 개념이다. 그처럼 주어진 시간, 고정된 시간을 효과적으로 사용하는 것은 매우 중요하다. 그런 개념은 유치원 때부터 초·중등학교에 이르기까지 철저하게 훈련시키고 가르쳐 준다.

학교에서는 시간을 정하고 정해진 틀 안에서 공부를 한다. 학교에서는 제 마음대로 활동할 시간을 주지 않는다. 모든 학생이 정해진 시간표에 따라 똑같은 교과서로 공부한다. 이는 철저한 시간 학습이다.

회사도 마찬가지이다. 학교처럼 수업 시간과 과목을 정해 놓고 일하는 것은 아니지만 '생산'이라는 목표를 설정해 놓고 그 일정에 따라간다.

"회사의 운명은 생산성에 달려 있다."

소프트뱅크의 불문율 법칙이다. 이 말은 곧 소프트뱅크의 운명은 CEO의 생산성 의욕 여하에 달려 있다는 말로 통한다. 그런 측면은 새해 첫날 기본 설계를 짠다. 그는 새해 첫날 혼자 저택에서 1년 동안 추진할 마스터플랜을 설계한다.

그런 뒤 다음 날 출근하여 '사장실 실장' 등 주요 간부들을 소집하여 자유로운 분위기 속에서 새해 덕담과 함께 사업 구상을 질문한다. 주요 간부들은 이를 '미팅 전략회의'라고 일컫는다.

그런데 중요한 일이 있을 때에는 '미팅 전략회의'를 새해 첫날 손정의 저택에서 갖는다. 그런 연유로 해서 주요 임원들은 새해 첫날 개인적인 스케줄을 잡지 않고 대기 상태로 보내곤 한다. 이것도 소프트뱅크의 불문율이자 전통이 되고 있다.

이런 과정을 거쳐 수합되고 걸러진 의견들은 그해의 사업 목표가 되고, CEO의 특별 메시지와 함께 해당 부서로 전달된다.

〈CEO의 특별 메시지〉
스케줄은 회사의 생산성이 최대가 되도록 세워라. 소프트뱅크의 업적은 기업의 생산성에 달려 있고, 기업의 생산성은 바로 여러분 능력의 총결산이며, 그 생산성은 고객을 위한 서비스를 실현하는 동시에 고객 만족을 위한 것이다.

하지만 이런 일을 이룩하기란 결코 쉽지 않다. 생산성 일정을 잡는 일도 만만치 않는 데다가 정해진 일정에 따라 일일이 조율하는 것이 단순하지 않기 때문이다. 일본 국내에 관한 사업은 그렇다고 해도 해외 사업에 관한 일은 더욱 어려움이 따른다.

담당 부서의 주요 직원이 지방 출장 중이거나 해외 사업 파트를 맡은 직원이 해외 출장이고, 법률 사업을 지원하는 변호사나 전문가까지 합석하는 회의를 여는 일은 각자의 스케줄이 제각각이어서 이를 조정해야 하는 일이 무척 번거롭다. 그래도 해내야 하는 것이 소프트뱅크의 기업 정신이다.

회의 전담 비서

일반적으로 회의는 필요에 따라 비정기적으로 하는 편이다. 그러나 소프트뱅크는 매주 수요일 오후 1시 정례회의를 열고 있다. 다만 회의에 참석하는 부서가 다를 뿐이다. 결국, 매주 수요일이 정례회의 날이지만 부서별로 다르기 때문에 부서별 정례회의는 한 달에 한 번 꼴로 돌아온다.

소프트뱅크 회장실 안에는 생산성을 높이기 위해 이런저런 일들을 전담하는 시스템이 갖추어져 있다. 스케줄을 조정하는 비서가 3명이나 된다.

특이한 일은 일반 기업에서는 기업의 연간 사업계획을 근간으로 담당 부서에서 품의서를 기안하여 올려 결재를 맡아 시행하는 절차를 밟는다. 그런데 이런 품의서가 최종 사인이 떨어지기까지는 보통 1주일 또는 10여 일씩 걸리는 경우가 대부분이다. 그러나 소프트뱅크는 일을 담당한 파트의 직원들이 끝날 때까지 회의를 통해 격론을 거쳐 결정한다. 때로는 단시간 안에 끝나기도 하지만 때에 따라서는 여러 시간 계속되기도 한다.

그렇게 해서 형식적으로 품의를 올리는데 24시간 안에 다른 의견이 없으면 통과된 것으로 여긴다. 하루를 넘기는 일은 결코 없다. 그래서 소프트뱅크는 새로운 일을 계획하여 결정하고 추진하는 일이 매우 속전속결로 신속하게 이루어진다는 특징을 지닌다.

다른 일부 기업들도 이 시스템을 따라하려다가 포기하고 말았다. 흉내 낼 수도 없고 따라갈 수도 없다는 것이다. 그런 이유는 각 개인의 스케줄을 조정하여 전원 참석하는 회의를 열도록 조정해 주는 기구가 없다는 이유 때문이다. 그래서 손정의를 따라가는 것 자체를 단념하는 것이 낫다는 이야기까지 나왔다.

05 진취적인 기상

배운다는 자세

요즘 기업의 업무 스타일은 사무실에 앉아서 하기보다는 회사 밖에서 하는 경우가 많아지고 있다. 외부 사람들을 만나서 하는 것이 더 효과를 낸다는 경험에 따른 것이다. 이는 다양한 계층의 사람들을 만나 폭넓은 의견을 들어서 업무에 반영하기 때문이다.

고정된 의자에 앉아서 업무를 보면 고정된 생각이나 고정관념에 사로잡히게 되어 비생산적인 된다는 것이다.

상사가 지시하는 업무에 충실한 사람은 성실하다는 평가를 받을 수 있다. 그러나 반대로 창조성이 없고 생산성이 떨어진다고 손정의는 강조하고 있다.

대개 상사가 지시하는 업무는 '불쑥 생각나는 대로 시키는 일'과 '잔손이 많이 가는 잡다한 일'이다. 두 가지 모두 정당한 일은 아니다. 평소에 별로 생각하지 않았지만 흥미가 있다고 여겨질 때 부하에게 일을 지시하게 된다. 이러 때에는 상사의 지시를 제대로 메모하지 않으면 엉뚱한 방향으로 흘러가는 경우가 많다.

생각하지 못한 일을 상사가 지시하는 대로 할 때는 무척 신경을 써서 배운다는 자세로 최선을 다하게 된다. 이는 단순한 수동적인 자세에서 능동적인 자세로 변하여 적극적으로 일을 할 수밖에 없다. 다만 상사가 불쑥 내뱉듯이 시키는 일을 잘 처리하면 능력 있는 사람이라는 인정을 받아 신뢰가 올라간다.

손정의도 가끔 그럴 때가 있다. 어떤 아이디어가 생각나면 부하직원을 불러서 이것저것 지시한 뒤 일을 맡은 직원이 올리는 결과물을 통해 정보를 얻고 그 정보를 바탕으로 또 하나의 사업을 구상하여 성공적으로 추진하여 생산성을 높이는 때가 있다. 하지만 별로 바람직하지 않다고 여긴다.

"현재에 충실하지 못한 사람은 미래에도 충실한 사람이 될 수 없다."

손정의가 즐겨 쓰는 이 말은 일본 프로 직업 세계에서 널리 회자되는 말이다.

야망을 뛰어넘어라

손정의는 자신의 야망을 뛰어넘기를 좋아하는 기업인이다. 자신의 한계를 뛰어넘고 싶어 하는 사람은 진취적이라 예상에 매달리지 않고 항상 도전을 즐긴다. 도전을 뛰어넘을 때 성공이 다가오면서 그 빛을 낼 수 있다.

손정의가 '야후! BB'에 손을 댈 때 직원들은 말할 것도 없고 매스컴을 비롯하여 업계 등 모두가 실패가 예견되는 일이라고 말했다. 그런 이유는 '야후! BB'라는 브랜드 사업 자체는 누가 봐도 성공할 가능성이 지극히 낮은 사업이라는 것이었다. 그런 이유 가운데 가장 큰 요인은 소프트뱅크에는 통신 사업을 할 정도의 인력, 물자, 자금, 정보 등의 인프라가 전혀 없다는 것 때문이었다.

그런 가운데 손정의는 어느 날 인사부장을 통해 소집 명령을 내렸다.

"오후 6시, 시간에 여유가 있는 직원들은 모두 프로젝트 사무실로 모이도록 하세요."

구체적인 내용은 없었다. 그러나 100여 명이 모였다. 손정의는 모인 사람들로부터 명함을 한 장씩 받아 모두 한 박스에 담은 뒤 입을 열었다.

"오늘 여기 모인 사람들로 소프트뱅크 제2의 창업을 한다. 명함을 제출한 사람들은 이제부터 우리의 원년 멤버이다."

이는 손정의식 인사 단행이었다. 지금 생각하면 우스꽝스럽지만 사실이다. 이렇게 하여 '야후 BB'라는 브랜드 사업은 멋지게 출발한 것이다. 그리고 이날 6시 회의에 참석한 사람들은 지금의 소프트뱅크의 주요 핵심 멤버로 활동하거나 다른 회사를 창업하는 등 나름대로 길을 걷고 있다.

도전정신이 강한 손정의는 '야후! BB'라는 브랜드 사업을 대담하고도 과단성 있게 밀어붙였다. 하지만 처음에는 모두의 전망처럼 매우 불안하고 전망도 어두웠다. 사업을 전개한 이래 해마다 적자가 눈덩이처럼 커지기만 했다. 4년 동안 해마다 100억 단위씩 적자가 계속 쌓여만 갔다. 그러던 것이 5년째 접어들면서 보란 듯이 황금알을 낳는 황금 닭으로 변하는 것이었다.

이는 그의 강인한 도전 의식, 기업가 정신에서 비롯되었다. 하마처럼 자금을 삼켜버리던 '야후! BB' 브랜드 사업이 소프트뱅크의 주력 사업으로 자리를 굳힌 것이다.

06 생각을 바꿔라

생각을 바꾸면 기회가 온다

프랑스의 파스칼은 '사람은 생각하는 갈대'라고 말했다. 사람이 생각, 곧 사고(思考)를 바꾸면 위기가 기회로 다가온다고 한다. 오늘날 우리 사회, 특히 기업에서는 프로젝트라는 말을 많이 사용한다.

프로젝트란 무슨 뜻인가? 일반적인 회사 업무와 무엇이 다를까? 이 말은 통상적인 조직의 목표와는 다른 목표를 설정하고 이를 실현시키기 위해서 사람, 물자, 자본, 조직 등의 지원을 필요에 따라 적절하게 조정하여 처음 설정한 목표를 채우려고 하는 방법을 의미한다.

한두 사람의 생각이나 능력으로서는 도저히 감당할 수 없는 새로운 아이템을 말할 때 프로젝트라는 거창한 말을 동원한다. 아무도 시도하지 못한 새로운 발명품과도 같은 거대한 무엇을 만들어 내는 일을 구상할 때 새로운 프로젝트라고 말한다.

예를 들면 세계에서 볼 수 없는 코리아 상징물을 서울에 만든다거나, 도쿄에서 기존의 도쿄타워보다 더 멋진 새로운 타워를 새로 만드는 일, 제2의 고속철도인 신칸센을 건설하는 일을 추진할 때에 새로운 프로젝트라고 소개한다.

여기에는 새로운 기술, 색다른 공법 등이 필요하게 된다. 이때 기존의 생각, 기존의 틀에서 벗어난 새로운 사고(思考), 새로운 발상이 필요하다. 또한, 인적, 물적 자원도 필수이다.

할 수 있다는 신념

새로운 프로젝트에서는 '무엇이든 할 수 있다는 신념'이 가장 중요하다. 그 목표가 분명할수록 프로젝트는 날개를 펴고 하늘로 솟구치지만, 그 반대로 목표가 분명하지 못할 경우 프로젝트는 난이도가 높아지면서 잡음이 커지게 된다. 그럴 경우 그 프로젝트는 성공보다는 실패할 확률이 높아진다. 목표가 분명한 프로젝트는 인적 또는 물적이 풍부해지면서 일에 속도가 붙는다. CEO나 매니저는 프로젝트 일이 원만하고도 순조롭게 진행되도록 종합적이고 개별적인 업무 관장표를 만들고 일을 분담시켜야 한다.

프로젝트의 성격은 어느 한두 사람의 능력을 떠나서 종합적 체계 속에서 이루어지는 종합 작품이다. 개인의 능력에만 의존하는 기업에서는 거대한 종합 프로젝트를 구상하거나 추진 동력이 떨어진다는 평가를 받고 있다. 그러나 손정의가 이끄는 소프트뱅크는 다양한 분야에서 동시다발적으로 새로운 프로젝트를 구상하고 추진하고 있다는 것이 남다르다.

07 신뢰는 소중한 자산

신비의 경영 기법

"소프트뱅크는 앞으로 1조 엔, 2조 엔, 이렇게 조 단위로 매출을
계산하는 회사가 된다!"

손정의가 처음 사업을 시작할 때의 선언이었다. 그때 손정의 사장
은 단 2명의 아르바이트 직원과 함께 사업을 시작했다. 그러자 아르
바이트 직원 한 명은 "사장이 머리가 돈 사람 같다."라며 회사를 그
만 두었다.

손정의의 야심찬 신념으로는 그런 계산이 얼마든지 가능하다는
논리였다. 어디서 그런 계산법이 나왔을까? 참으로 불가사의하다.
그가 승승장구한 이면에는 바로 미래를 내다본 혜안과 집념, 그리고
신용을 자산으로 여겼던 그의 경영 철학이 있었다.

그 신비의 경영 기법은 바이아웃 펀드(Buy out Fund)라는 마술 경영

기법이었다. 이는 부실기업의 경영권을 헐값에 인수하여 기업 가치를 올린 뒤에 되팔아서 높은 이득을 남기는 사모 펀드였다.

본래 신규 사업계획을 발표하면 주가가 올라가는 상승 추세가 일반적인 사례이다. 그런데 소프트뱅크는 그 반대로 주가가 떨어지는 경우가 많았다. 주가는 무엇인가? 경영주에 대한 주주들의 투표를 반영하는 결과이다. 주가가 내려가는 하락 추세는 신규 사업에 관한 기대감이 낮거나 떨어진다는 의미이다. 한마디로 경영자의 신뢰가 낮다는 반증이다.

그는 "주어진 일에 최선을 다 하면 좋은 결과로 이어지고 이는 큰 신뢰를 얻으면서 무한한 신용자산으로 축적된다."라고 강조하는 CEO이다.

성공 비결은 25글자

손정의는 2010년 7월 28일 소프트뱅크 아카데미아 개교식에서 성공을 위한 열쇠로 가로 5글자씩 5행으로 모두 25글자를 발표해 화제를 모았다. 한자(漢字)로 된 25글자는 '성공을 위한 25자 전략'인데, 그가 27세 때 만든 것으로 지금도 중요한 전략 회의에서는 강조하고 있다. 이를 랜체스터 법칙(Lancherter's Laws)이라고 이름 붙였는데, 매력의 25글자는 이렇다.

道	天	地	將	法
頂	情	略	七	鬪
一	流	攻	守	群

智	信	仁	勇	嚴
風	林	火	山	海

道天地將法(도천지장법)　　　智信仁勇嚴(지신인용엄)

頂情略七鬪(정정략칠투)　　　風林火山海(풍림화산해)

一流攻守群(일류공수군)

道天地將法(도천지장법)은 이념으로서 道(도)는 이념과 포부, 天地(천지)는 타이밍과 인터넷으로 업권을 장악하고, 將法(장법)은 장수의 기질로 싸움에서 이기되 시스템과 규범을 강조하는 뜻이다.

頂情略七鬪(정정략칠투)는 비전으로써 頂情(정정)은 정상을 지키면서 정보력을 갖고, 略(략)은 전략이며 七鬪(칠투)는 7할로 승부를 걸되 싸움에서 반드시 이긴다는 각오이다.

一流攻守群(일류공수군)은 전략으로써 一流(일류)는 1등 주의와 시대적 흐름을 잘 이용하고, 攻守(공수)는 공격력과 수비력을 지니며, 群(군)은 뜻 맞는 동지들을 규합하는 것이다.

智信仁勇嚴(지신인용엄)은 장수의 수칙, 곧 리더의 마음가짐으로서 知信(지신)은 사고력과 능력을 겸비하여 신의와 신용을 지키고 仁勇(인용)은 자애롭고도 용기를 지니며 嚴(엄)은 매사에 엄격함을 갖자는 말이다.

風林火山海(풍림화산해)는 전술로써 風林(풍림)은 바람처럼 빠르되 숲처럼 조용하고, 火山(화산)은 불같이 공격하되 산처럼 굳고, 海(해) 바다처럼 세상을 움직이자는 의미이다.

08 녹색 성장에 관심

위기 대처에 관한 생각

손정의는 위기 대처에 관해 많은 생각을 하고 있다. 그런 생각에 대해 그는 원자력 발전 특강을 통해 자신의 생각을 밝혔다. 그가 주장한 줄거리는 다음과 같다.

현재 일본에는 54기의 원자력 발전소가 있지만 단 한 개의 발전소도 가동되는 곳이 없다. 오늘날 지구촌에는 많은 나라에서 원자력 발전을 정지할 것인가, 그대로 시행할 것인가에 대해 의논되고 있다. 이탈리아, 독일 등에서 그 방향에 대해 의논되고 있지만, 일본은 그 결정이 나기 전에 이미 정지되었다.

일본에서는 10년간 233건의 원자력 발전소 트러블 사건이 있었다. 트러블은 말썽꾸러기 분쟁 사태를 말한다. 이런 트러블은 지진이나 쓰나미 때문에 일어난 사고도 있지만, 그보다는 인적인 사고,

즉 사람에 의한, 생각의 차이에 따른 트러블이었다.

세계에서 발생했던 심각한 사고의 대부분이 인적 사고에 따른 것으로 나타났다. 세계의 어느 나라도 인적 사고에 따른 트러블이 발생할 가능성이 크다는 이야기이다.

원자력은 사람이 제어할 수 없는 특수한 분야이다. 지금 일본뿐만이 아니라 세계 어느 곳에서도 원자력 발전에 대해 반대한다. 인류는 원자력 발전에 대한 심각한 사고를 제어하는 것은 불가능하다고 여기기 때문이다. 만약 심각한 사고가 발생되면 인류가 이 사고를 제어하기가 매우 어렵다는 것을 우리는 경험을 통해 알고 있다.

"만약 원자력 발전으로 인해 심각한 사고가 발생하면 어떻게 될까?"

이 문제에 관해 한국과 일본을 비교해 보자. 두 나라 모두 국토의 면적이 좁다는 점이 공통점이다. 국토의 면적은 작지만 산업의 발전으로 많은 양의 전력을 필요로 하고 있으며, 다량의 연료를 사용하고 있다는 점도 같다. 한국과 일본은 모두 약 60%의 전력을 화석 연료에 의존하고 있으며, 그 가운데 약 3분의 1 정도를 원자력 발전에 의존하고 있는 상황이다.

미래를 생각하라

손정의는 미래를 내다보는 새로운 제안을 하고 있다.

일본에서는 2011년 3월 매우 심각한 원자력 발전 사고를 경험하였다. 그 결과로 일본에서는 기본적으로 원자력 발전 문제는 다시 생각하게 되었다. 원자력 대신에 화석 연료의 비율을 급격히 높이는 쪽으로 방향을 수정하게 된 것이다.

그래서 일본에 대한 자연 에너지는 단순히 장래를 내다보는 희망적인 관측에서 모든 것을 생각하게 되면서 원자력 발전은 멈출 수밖에 없다는 결론을 내렸다. 이런 결론은 더 이상 원자력 발전에 의존하는 것이 불가능하다는 이야기이다. 우리에게는 절대적으로 필요한 해결 방책이라고 본 때문이다.

그렇다고 문제가 모두 해결되는 것은 결코 아니다. 전력 부족이나 원유 값의 급속한 인상 등을 생각하지 않을 수 없다. 이런 문제는 모두 가상적이지만, 현실로 다가올 가능성이 매우 크다. 한국과 일본 모두 이 같은 문제를 안고 있다.

"만약 한국에서도 원자력 발전소에 따른 심각한 사고가 발생한다면 어떻게 될까?"

물론 한국에서는 그런 일이 발생하지 않기를 바란다. 그러나 만약 발생한다면 그 사태는 굉장히 위험할 것이므로 가상적이지만 생각을 하게 되는 것이다. 만일 그런 가능성이 크다면 한국도 원자력 발전에 더 이상 의존할 수 없게 될 것이다. 그 때문에 나는 한국도 원자력 발전에 의존하지 않는 해결책을 찾아야 한다고 생각한다.

여기서 제안하고 싶은 것이 있다. 어떤 것이 해결책이 될 수 있을까를 생각하면서, 대체 가능한 에너지는 무엇일까? 곰곰 생각했다.

한국과 가까운 이웃 나라 몽골이 현재 세계가 필요로 하는 3분의 2의 전력을 조달할 수 있는 자연 에너지의 가능성을 가지고 있다는 것을 뉴스를 통해 알게 되었다. 자연 에너지는 바로 풍력 발전이다.

이것은 한국 전체가 필요로 하는 전력의 2~3배를 넘는 양을 값싼 저비용의 풍력 발전만으로 활용할 수 있다는 계산이다. 한국 전체가 필요로 하는 전력을 태양광만으로 조달하는 것이 가능하다는 전망이다.

맺음말

손정의가 말하는 기업가 정신

기업가는 안정적일 때 오히려 위기를 느끼고, 그러한 위기 속에서 기회를 느끼고, 현재를 위험 속으로 끌고 가는 사람(risk taker)이다. 손정의 소프트뱅크 회장은 동서양을 통틀어 기업가 정신이 가장 투철한 경영자 중 한 사람으로 꼽힌다.

기업가 정신이란, "통제 가능한 자원 활용에 한정하지 않고, 새로운 기회를 포착하고, 이를 창의적으로 개발하여 경제, 사회, 문화적 자생력을 확보하는 활동, 그리고 이에 대한적극적인 신념"이라 할 수 있으며, 기업가 정신교육이란, "다양한 이해관계자(정부, 기업, 학교, 금융 등)가 참여하여 기업가 정신교육 시스템을 구축하고, 청소년들이 금융, 경제 부문의 기반지식을 확보하고, 기업가적 문제 해결 역량을 통해 능동적인 자아실현을 할 수 있도록 지원하는 교육 체제"를 의미한다.

도전할 산을 정하면 고민하지 말고 앞으로 가아가라

손정의 일본 소프트뱅크 회장이 기업가 정신에 대해서 한 언론의 특별기고에서 이렇게 말했다.

기업가 정신은 곧 도전 정신이다. 기업을 만들고 이끄는 이들은 늘 젊고 뜨거워야(stay young and hot)한다. 늘 깨어서 움직이는 것은 기업가의 필수조건이다. 30년 후를 알려면 300년 후를 조망할 수 있는 기업가의 안목이 있어야 한다.

기업가만이 결단할 수 있는 기업 M&A도 마찬가지다. 소프트뱅크 특유의 경영 전략인 '제곱 병법'의 핵심은 두 가지다. "지는 싸움은 하지 않고, 싸우지 않고 이기는 것이다."

현재의 기업가뿐 아니라 성장하는 젊은이들이 기업가 정신으로 충만할 때 경제에 활력이 돈다. 고심 끝에 도전할 산을 정한 후에는 고민하지 말고 앞으로 나아가라.

이 산과 저 산을 저울질하는 건 그냥 배회하는 것일 뿐이다. 나는 2011년 11월 소프트뱅크 호크스가 일본시리즈를 우승했을 때 사내 e메일로 이런 내용을 보낸 적이 있다.

이는 야구단에만 적용되는 것이 아니다. "뜻을 같이하는 동료와 힘을 모아 반드시 달성한다는 생각으로 일하면 실현 못 할 것은 없다."

한국의 경제 구조는 대기업과 중소기업 간의 성장 불균형과 산업설비의 자동화 등으로 고용시장은 공급에 비해 정상적으로 일자리를 창출하지 못하고 있다. 이로 인해 청소년을 비롯하여 젊은 층의 노동시장 진입 장벽은 심각한 상황에 직면해 있다. 또한, 중동을 비롯한 세계

정세의 불안 요인과 세계 경제의 위기와 침체의 반복 등 우리를 둘러싼 국제적인 제반 여건도 녹녹지 않은 현실이다.

이러한 국내외 상황에 적극적으로 대응하면서 효과적으로 극복하기 위한 전략으로 정부는 일자리 창출을 국정 최우선 과제로 삼아 청년 취업과 창업의 활성화, 그리고 국외 진출 지원 등을 적극 추진하고 있다.

창업과 도전 정신 같은 새로운 패러다임 제시 등을 포함한 정부의 이러한 노력에도 불구하고 우리의 청소년들은 여전히 좋은 대학에 입학하는 것을 삶의 중대한 목표로 설정하고 있다. 또한, 그것이 곧 인생의 성공으로 연결될 것이라는 인식은 매우 확고하다. 이는 학생 스스로의 선호라기보다는 학교와 학부모들의 선호와 우리 사회의 전반적인 분위기를 반영하고 있는 것으로 볼 수 있다.

대학 생활은 자신만의 독특한 경쟁력을 갖추기보다는 주로 공무원이나 교사와 같은 안정된 직업을 위한 준비와 중소기업은 기피하고 대기업에 취업하기 위해 스펙 관리와 학업 경쟁을 치르고 있다. 이러한 치열함에도 불구하고 현실에서는 대학을 졸업한 수많은 청년이 원하는 일자리를 제대로 얻지 못하고 있다.

우리나라 취업 준비생이 70만 명에 육박했다. 통계청에 따르면 3월 기준 비경제 활동 인구 가운데 '취업 준비'로 분류된 인구는 69만 6,000명에 달했다. 3월 기준으로 보면 관련 통계가 작성된 이래 최대 규모다. '취업 준비' 인구의 대부분을 차지하는 청년층(15 ~ 29세)의 실업률도 매년 10%가 넘는다.

한편, 공무원 시험을 준비하는 소위 '공시생' 규모가 약 44만 명으로 추정됐다. '공시생 44만 명'이라는 규모는 우리나라 청년 인구(만 20 ~ 29

세 · 644만 5,000명)의 6.8%를 차지한다. 2018학년도 수능 응시자(59만 3,000 여 명)의 약 75%에 이른다.

국내 경제연구소의 보고서에 따르면 지난해 공시생 양산에 따른 경제적 손실이 연간 17조 원을 넘는다고 집계했다. 2016년 공시생 수(25만 7,000여 명 · 경제연구소 자체 추산)를 기준으로 이들이 취업하거나 창업해서 경제활동을 했다고 가정하면 연간 15조 4,441억 원의 생산 효과를 거둘 수 있었을 것이라고 예측했다.

그리고 대졸자 평균 취업률은 59.5%로 40%에 이르는 대졸자들이 사실상 실업 상태이다. 그나마도 취업자들 중 50% 이상이 파트타임과 임시직 등 저임금 비정규직으로 취업의 질이 매우 열악한 실정이다.

이러한 시점에서, 취업자들은 인공지능 로봇 등과 일자리 경쟁을 해야 하는 상황에 직면하고 있다. 현재 기술의 발전은 단순 반복적인 작업을 뛰어넘어 보다 전문적인 영역까지 인공지능과 로봇이 사람을 급속히 대체하고 있다. 그렇기 때문에 로봇이 대체하기 어려운 인간의 경쟁력을 키워야 하는 시대이다. 4차 산업혁명이라 불리는 오늘날 기술의 급격한 발전은 경제의 패러다임을 바꾸고 있다. 즉 유형자산보다 창의성과 지적재산권이 경제를 움직이는 패러다임으로 전환하는 과정에 있다. '창업'은 부가가치가 높고 혁신적인 분야에서 일자리를 창출함으로써 미래의 성장 동력을 발굴하고 국가 경쟁력을 높일 수 있는 전략으로 그 가능성이 기대되고 있다.

창업이 우리나라를 비롯한 많은 선진국에서 '고용 없는 성장'으로 인해 점차 심화되고 있는 일자리 부족과 이로 인한 청년 고용률 문제를 해결할 수 있는 방안으로 주목받고 있는 것이다. 그러나 우리나라 청소년들은 '괜찮은 일자리에 취업하지 못한 경우에만 창업을 할 수 있다'는 생각을 강하게 갖고 있는 등 대체로 창업에 대해 부정적인 인식을 갖고 있는 것으로 조사되었다.

또한, 창업의 핵심적인 요소로서 '기업가 정신'은 경제 성장과 깊은 상관관계를 가지며, 창업 활동이 활발한 사회는 혁신적이고 새로운 변화에 보다 유연하게 대처하는 것으로 나타났다.

기업가 정신 함양이나 창업에 대한 지식과 노하우(know-how) 축적은 단기간에 이루어지기 어렵기 때문에 청소년 시기부터 이에 대한 관심을 가지고 관련 정보와 기술을 습득할 수 있는 기회를 제공할 필요가 있다. 또한, 자라나는 세대들이 창의성과 도전 정신으로 대표될 수 있는 기업가 정신을 개발할 수 있도록 사회적 환경을 조성하고 창업을 진로 지도의 한 분야로 인식할 수 있는 여건을 조성해야 한다. 이를 통해 다양한 분야에서 창의적 사고와 융합 기술을 활용하여 부가가치를 창출하는 청소년 창업가를 양성하려는 노력이 지속되어야 한다.

4차 산업혁명 시대 청소년들이 새로운 변화에 적극적으로 대처하면서 기회를 효과적으로 활용하기 위해서는 청소년들의 기업가 정신 및 창업 방안에 관한 교육의 실질적인 방안을 모색할 필요가 있다.

구체적으로 우리나라 청소년들이 세계를 선도할 수 있는 창의성과 도전 정신을 갖출 수 있는 기업가 정신 함양을 위한 토대를 마련하고, 이러한 노력이 창업으로 연결되어 양질의 일자리를 창출과 국가 경쟁력 강화로 이어질 수 있어야 한다.

그리하여 우리나라에도 손정의같은 기업가 정신과 도전 정신을 가지고 앞으로 나아갈 청소년들이 많이 나타나기를 기대한다.

참고자료

1. 야후 인수 - 이코노미조선
http://economyplus.chosun.com/special/special_view.php?boardName=C00&t_num=10365

2. 사사키 타다시 - 아시아경제
http://www.asiae.co.kr/news/view.htm?idxno=2011062900510098859

3. 스프린트 인수 - 디지털타임스
http://www.dt.co.kr/contents.html?article_no=2012101602010351747002

4. 일카 파나넨 기자회견 - 조선비즈
http://biz.chosun.com/site/data/html_dir/2013/12/20/2013122002076.html?weekly_s

5. 소프트뱅크 아카데미아 한국인 최초합격자 고승재 - 매일경제
http://news.mk.co.kr/newsRead.php?year=2013&no=414031

천재 경영자 소프트뱅크 CEO

손정의 리더십

초판 1쇄 인쇄　　2018년　5월　8일
초판 1쇄 발행　　2018년　5월　14일

지은이 | 유한준 · 이종욱
펴낸이 | 박정태
편집이사 | 이명수　　　　　　감수교정 | 정하경
책임편집 | 이정주　　　　　　편집부 | 김동서, 위가연
마케팅 | 조화묵, 박명준, 송민정　온라인마케팅 | 박용대
경영지원 | 최윤숙

펴낸곳　　　　BOOKSTAR
출판등록　　　2006. 9. 8. 제 313-2006-000198 호
주소　　　　　파주시 파주출판문화도시 광인사길 161
　　　　　　　광문각 B/D 4F
전화　　　　　031)955-8787
팩스　　　　　031)955-3730
E-mail　　　　kwangmk7@hanmail.net
홈페이지　　　www.kwangmoonkag.co.kr

ISBN　　　　　ⓒ유한준
　　　　　　　979-11-88768-06-6
　　　　　　　978-89-966204-7-1　(세트)
가격　　　　　15,000원

이책은 무단전재 또는 복제행위는 저작권법 제97조 5항에 의거
5년 이하의 징역 또는 5,000만 원 이하의 벌금에 처하게 됩니다.

저자와 협의하여 인지를 생략합니다.
잘못 만들어진 책은 바꾸어 드립니다.